HSK Level 4

VOCABULARY

Writing Practice Workbook
with Stroke Order and Pinyin

HSK 4 Vocabulary Writing Practice Workbook
with Stroke Order and Pinyin

© Editorial Comte Barcelona
OPOSBOX SL
C/Rodrigo Caro 73, 08914 Barcelona(España)
https://comtebarcelona.com
First Edition: December, 2023
ISBN: 978-84-127319-5-8 (Paperback)

Introduction

The HSK (Hanyu Shuiping Kaoshi) is an international standardized exam that focuses on assessing the ability of non-native Chinese speakers to use Chinese for communication in daily life, study, and work.

The exam has different levels: HSK (Level 1), HSK (Level 2), HSK (Level 3), HSK (Level 4), HSK (Level 5), and HSK (Level 6). The corresponding relationship between HSK levels and the "International Chinese Proficiency Standards" and the "Common European Framework of Reference for Languages (CEFR)" is as follows:

HSK Level	Vocabulary	International Chinese Proficiency Standards	CEFR
HSK (Level 6)	5000 and above	Level 5	C2
HSK (Level 5)	2500	Level 4	C1
HSK (Level 4)	1200	Level 4	B2
HSK (Level 3)	600	Level 3	B1
HSK (Level 2)	300	Level 2	A2
HSK (Level 1)	150	Level 1	A1

- HSK (Level 1) assesses candidates who can understand and use very simple Chinese words and sentences and have the ability to further study Chinese.
- HSK (Level 2) candidates can engage in simple and direct communication on common topics in daily life using Chinese.
- HSK (Level 3) candidates can complete basic communication tasks in life, study, work, etc., using Chinese.

- HSK (Level 4) candidates can communicate on relatively complex topics in a more standardized and appropriate manner using Chinese.
- HSK (Level 5) candidates can discuss, evaluate, and express opinions on more abstract or professional topics in Chinese and can handle various communication tasks relatively easily.
- HSK (Level 6) candidates can adeptly engage in various social communication activities in Chinese, with a proficiency level approaching that of a native Chinese speaker.

HSK Level 4 assesses candidates' proficiency in using the Chinese language. It corresponds to Level 4 of the "International Chinese Proficiency Standards" and CEFR B2. Candidates who pass HSK Level 4 can discuss topics in a wider range and communicate fairly fluently with native Chinese speakers on various subjects.

This book is suitable for HSK Level 4 students to practice Chinese characters. It includes all the vocabulary required for the HSK Level 4 exam. The book provides vocabulary lists with English explanations and presents the pronunciation and stroke order for each Chinese character, making it ideal for beginners.

序号	词语	拼音	翻译
1	爱情	ài qíng	romantic love
2	安排	ān pái	to arrange; plan
3	安全	ān quán	safe; security
4	暗	àn	dark
5	按时	àn shí	on time
6	按照	àn zhào	according to
7	包括	bāo kuò	include
8	保护	bǎo hù	protection; to protect
9	保证	bǎo zhèng	guarantee
10	抱	bào	to hold
11	报道	bào dào	report
12	报名	bào míng	sign up
13	抱歉	bào qiàn	apologise
14	被	bèi	quilt; by (somebody/something)
15	本来	běn lái	originally
16	笨	bèn	stupid
17	笔记本	bǐ jì běn	notebook
18	毕业	bì yè	graduate
19	遍	biàn	time [when doing something repeatedly]
20	标准	biāo zhǔn	standard; standardised
21	表达	biǎo dá	to voice (an opinion)
22	表格	biǎo gé	form; table
23	表扬	biǎo yáng	to praise
24	饼干	bǐng gān	cookie; biscuit
25	并且	bìng qiě	and
26	博士	bó shì	doctor
27	不但	bú dàn	not only
28	不过	bú guò	however
29	不得不	bù dé bù	to have to
30	不管	bù guǎn	regardless of; no matter (what/how)
31	不仅	bù jǐn	not only [this one]
32	擦	cā	rub
33	猜	cāi	guess
34	材料	cái liào	material
35	参观	cān guān	to visit (a place; a museum; etc.)
36	差不多	chà bu duō	almost
37	尝	cháng	taste
38	长城	Cháng chéng	The Great Wall

序号	词语	拼音	翻译
39	长江	Cháng jiāng	Yangtze River
40	超过	chāo guò	exceed
41	吵	chǎo	noisy
42	成功	chéng gōng	success; successful
43	诚实	chéng shí	honest
44	成熟	chéng shú	mature
45	成为	chéng wéi	become
46	乘坐	chéng zuò	to ride (in a vehicle)
47	吃惊	chī jīng	to be startled
48	重新	chóng xīn	again
49	抽烟	chōu yān	to smoke
50	出差	chū chāi	go on business trip
51	出发	chū fā	set off; depart
52	出生	chū shēng	birth; to be born
53	传真	chuán zhēn	fax
54	窗户	chuāng hu	window
55	词典	cí diǎn	dictionary
56	从来	cóng lái	always
57	粗心	cū xīn	careless
58	答案	dá àn	answer
59	打扮	dǎ ban	to decorate
60	打扰	dǎ rǎo	disturb
61	打印	dǎ yìn	print
62	打折	dǎ zhé	to give a discount
63	打针	dǎ zhēn	give/have an injection
64	大概	dà gài	probably; maybe
65	大使馆	dà shǐ guǎn	embassy
66	大约	dà yuē	approximately; around; about
67	戴	dài	to wear (accessories)
68	代表	dài biǎo	to stand for; on behalf of representative
69	大夫	dài fu	doctor
70	代替	dài tì	instead
71	当	dāng	work as
72	当地	dāng dì	local area
73	当时	dāng shí	at that time
74	刀	dāo	knife
75	导游	dǎo yóu	lead a site-seeing tour
76	到处	dào chù	everywhere

序号	词语	拼音	翻译
77	到底	dào dǐ	in the end
78	道歉	dào qiàn	apology
79	得意	dé yì	proud of oneself
80	得	děi	need to
81	底	dǐ	bottom
82	地球	dì qiú	earth
83	地址	dì zhǐ	address
84	掉	diào	lose; [as a complement after some verbs to indicate result of action]
85	调查	diào chá	investigation
86	丢	diū	lose
87	动作	dòng zuò	movement
88	堵车	dǔ chē	traffic jam
89	肚子	dù zi	belly
90	断	duàn	to break
91	对话	duì huà	dialogue
92	对面	duì miàn	opposite
93	顿	dùn	[measure word for occurences, and therefore of meals]
94	朵	duǒ	stem; [measure word for flowers]
95	而	ér	and; while
96	儿童	ér tóng	child; children
97	发	fā	to send (an email)
98	发生	fā shēng	happen
99	发展	fā zhǎn	develop
100	法律	fǎ lǜ	law
101	翻译	fān yì	to translate
102	烦恼	fán nǎo	to be worried
103	反对	fǎn duì	to fight against; to opposed to something
104	反映	fǎn yìng	to mirror
105	范围	fàn wéi	range
106	方法	fāng fǎ	method
107	方面	fāng miàn	aspect
108	方向	fāng xiàng	direction
109	访问	fǎng wèn	to interview; visit
110	放弃	fàng qì	to renounce
111	放暑假	fàng shǔ jià	to be on summer vacation
112	Y 分之 X	fēn zhī	X out of Y

序号	词语	拼音	翻译
113	份	fèn	portion
114	丰富	fēng fù	enrich; abundant rich; plentiful
115	风景	fēng jǐng	scenery
116	否则	fǒu zé	if not
117	符合	fú hé	tally with; accord with
118	富	fù	rich
119	父亲	fù qīn	father
120	复印	fù yìn	to photocopy
121	复杂	fù zá	complicated
122	负责	fù zé	responsible for
123	改变	gǎi biàn	to change
124	干杯	gān bēi	cheers
125	干燥	gān zào	dull; dry
126	感动	gǎn dòng	move (emotionally)
127	感觉	gǎn jué	feel
128	感情	gǎn qíng	feeling
129	感谢	gǎn xiè	to thank
130	高级	gāo jí	advanced; high level
131	各	gè	each
132	个子	gè zi	height; stature
133	工具	gōng jù	tool
134	公里	gōng lǐ	kilometre
135	工资	gōng zī	wage; salary
136	共同	gòng tóng	jointly
137	够	gòu	enough
138	购物	gòu wù	shopping
139	孤单	gū dān	alone
140	估计	gū jì	to estimate
141	鼓励	gǔ lì	encourage
142	鼓掌	gǔ zhǎng	applaud
143	顾客	gù kè	customer
144	故意	gù yì	intentional
145	挂	guà	hang up
146	关键	guān jiàn	crucial (point)
147	观众	guān zhòng	audience
148	管理	guǎn lǐ	to supervise
149	光	guāng	light
150	广播	guǎng bō	broadcast

序号	词语	拼音	翻译
151	广告	guǎng gào	advertisement
152	逛	guàng	stroll
153	规定	guī dìng	rule
154	国际	guó jì	international
155	果然	guǒ rán	really
156	过程	guò chéng	course of events
157	海洋	hǎi yáng	ocean
158	害羞	hài xiū	shy
159	寒假	hán jià	winter holiday
160	汗	hàn	sweat
161	航班	háng bān	flight
162	好处	hǎo chu	advantage; benefit
163	好像	hǎo xiàng	to seem
164	号码	hào mǎ	number
165	合格	hé gé	qualified
166	合适	hé shì	suitable
167	盒子	hé zi	small box
168	猴子	hóu zi	monkey
169	厚	hòu	thick
170	后悔	hòu huǐ	to regret
171	后来	hòu lái	afterward
172	忽然	hū rán	suddenly
173	护士	hù shi	nurse
174	互相	hù xiāng	each other
175	怀疑	huái yí	doubt
176	还	huán	to return
177	回忆	huí yì	to recall
178	活动	huó dòng	activity
179	活泼	huó po	brisk; lively
180	火	huǒ	fire
181	获得	huò dé	obtain; win
182	基础	jī chǔ	base
183	激动	jī dòng	to excite
184	积极	jī jí	active
185	积累	jī lěi	to accumulate
186	集合	jí hé	to gather
187	极其	jí qí	extremely
188	及时	jí shí	in time

序号	词语	拼音	翻译
189	即使	jí shǐ	even if
190	寄	jì	to send (mail; post)
191	计划	jì huà	plan
192	既然	jì rán	since
193	技术	jì shù	technology
194	继续	jì xù	to carry on; continue
195	记者	jì zhě	journalist
196	加班	jiā bān	over work
197	家具	jiā jù	furniture
198	加油站	jiā yóu zhàn	petrol station
199	假	jiǎ	FALSE
200	价格	jià gé	price
201	坚持	jiān chí	to persevere with
202	减肥	jiǎn féi	to lose weight
203	减少	jiǎn shǎo	to reduce; to cut back; decrease
204	将来	jiāng lái	in the future; future
205	奖金	jiǎng jīn	premium
206	降低	jiàng dī	to reduce
207	交	jiāo	exchange to hand over; to accociate with
208	骄傲	jiāo ào	proud; arrogant
209	交流	jiāo liú	exchange; communication
210	交通	jiāo tōng	transport; traffic
211	饺子	jiǎo zi	dumpling
212	教授	jiào shòu	professor
213	教育	jiào yù	education
214	接受	jiē shòu	accept
215	节约	jié yuē	to save; economise
216	解释	jiě shì	to justify; explanation
217	尽管	jǐn guǎn	without hesitating; despite
218	紧张	jǐn zhāng	nervous; anxious
219	进行	jìn xíng	advance; progress
220	禁止	jìn zhǐ	to ban; prohibit; forbid
221	精彩	jīng cǎi	brilliant
222	经济	jīng jì	economics
223	京剧	jīng jù	Beijing opera
224	经历	jīng lì	experience
225	精神	jīng shén	essence; spirit
226	经验	jīng yàn	experience

序号	词语	拼音	翻译
227	警察	jǐng chá	police
228	竟然	jìng rán	[indicates unexpectedness]
229	竞争	jìng zhēng	to compete
230	镜子	jìng zi	mirror
231	究竟	jiū jìng	after all; when all is said and done
232	举办	jǔ bàn	hold; conduct; run [an event]
233	拒绝	jù jué	to refuse
234	距离	jù lí	distance; be away from
235	开玩笑	kāi wán xiào	joke
236	看法	kàn fǎ	opinion
237	考虑	kǎo lǜ	consider
238	棵	kē	individual [measure word for trees, cabbages, plants etc]
239	科学	kē xué	science
240	咳嗽	ké sou	cough
241	可怜	kě lián	pitiful; to have pity on
242	可是	kě shì	but
243	可惜	kě xī	it's a pity
244	肯定	kěn dìng	certain; definite
245	空气	kōng qì	air
246	恐怕	kǒng pà	afraid
247	苦	kǔ	bitter
248	宽	kuān	wide
249	困	kùn	difficulty; sleepy
250	困难	kùn nan	difficulty
251	扩大	kuò dà	to expand
252	拉	lā	to play (a bowed instrument) to pull
253	垃圾桶	lā jī tǒng	rubbish bin
254	辣	là	spicy
255	来不及	lái bu jí	there's not enough time (to do something)
256	来得及	lái de jí	there's still time
257	懒	lǎn	lazy
258	浪费	làng fèi	waste
259	浪漫	làng màn	romantic
260	老虎	lǎo hǔ	tiger
261	冷静	lěng jìng	calm
262	理发	lǐ fà	hair-dressing

序号	词语	拼音	翻译
263	理解	lǐ jiě	comprehend; understanding
264	礼貌	lǐ mào	courtesy; politeness
265	理想	lǐ xiǎng	ideal; ambition
266	厉害	lì hai	difficult to deal with
267	力气	lì qi	strength
268	例如	lì rú	for example
269	俩	liǎ	two; both (people)
270	连	lián	connect
271	联系	lián xì	to make contact
272	凉快	liáng kuai	cool
273	亮	liàng	bright; to shine
274	聊天	liáo tiān	to chat
275	另外	lìng wài	another
276	留	liú	remain
277	流泪	liú lèi	to shed tears
278	流利	liú lì	fluent
279	流行	liú xíng	popular
280	留学	liú xué	study abroad
281	乱	luàn	chaotic
282	律师	lǜ shī	lawyer
283	麻烦	má fan	hassle; to trouble somebody
284	马虎	mǎ hu	careless
285	满	mǎn	reach a quota or limit; full
286	毛巾	máo jīn	towel
287	美丽	měi lì	pretty
288	梦	mèng	dream
289	密码	mì mǎ	code
290	免费	miǎn fèi	free
291	民族	mín zú	nationality
292	母亲	mǔ qīn	mother
293	目的	mù dì	objective; purpose
294	耐心	nài xīn	patient
295	难道	nán dào	could it be...?
296	难受	nán shòu	feel unwell; difficult to bear
297	内	nèi	within
298	内容	nèi róng	content
299	能力	néng lì	skills; ability
300	年龄	nián líng	age

序号	词语	拼音	翻译
301	农村	nóng cūn	countryside rural area
302	弄	nòng	play with; fix; manage
303	暖和	nuǎn huo	warm
304	偶尔	ǒu ěr	occasionally
305	排列	pái liè	array
306	判断	pàn duàn	to decide
307	陪	péi	accompany
308	批评	pī píng	criticise
309	皮肤	pí fū	skin
310	篇	piān	sheet
311	骗	piàn	deceive; cheat
312	乒乓球	pīng pāng qiú	table tennis; ping-pong
313	平时	píng shí	ordinarily
314	瓶子	píng zi	bottle
315	破	pò	break
316	普遍	pǔ biàn	universal
317	其次	qí cì	next
318	其中	qí zhōng	among which
319	起飞	qǐ fēi	take off [plane]
320	气候	qì hòu	climate
321	千万	qiān wàn	ten million
322	签证	qiān zhèng	visa
323	墙	qiáng	wall
324	敲	qiāo	to hit
325	桥	qiáo	bridge
326	巧克力	qiǎo kè lì	chocolate
327	亲戚	qīn qi	relatives
328	轻	qīng	light-weight
329	轻松	qīng sōng	gentle
330	情况	qíng kuàng	happening
331	请假	qǐng jià	ask for leave
332	请客	qǐng kè	invite to dinner
333	穷	qióng	poor
334	区别	qū bié	difference
335	取	qǔ	take; get
336	全部	quán bù	all
337	缺点	quē diǎn	disadvantage
338	缺少	quē shǎo	lack

序号	词语	拼音	翻译
339	却	què	but
340	确实	què shí	indeed
341	群	qún	group
342	然而	rán ér	however
343	热闹	rè nao	bustling; lively
344	人民币	rén mín bì	Renminbi [Chinese currency]
345	任何	rèn hé	any
346	任务	rèn wu	task
347	扔	rēng	to throw
348	仍然	réng rán	still
349	日记	rì jì	diary
350	入口	rù kǒu	entrance [to a building]
351	软	ruǎn	soft
352	散步	sàn bù	to go for a walk; stroll
353	森林	sēn lín	forest
354	沙发	shā fā	sofa
355	商量	shāng liang	to consult
356	伤心	shāng xīn	sad
357	稍微	shāo wēi	a little bit
358	社会	shè huì	society
359	深	shēn	dark [colour]; deep
360	申请	shēn qǐng	to apply; application
361	甚至	shèn zhì	even
362	生活	shēng huó	life
363	生命	shēng mìng	life
364	省	shěng	to save
365	剩	shèng	spare
366	失败	shī bài	fail
367	师傅	shī fu	master
368	湿润	shī rùn	moist
369	失望	shī wàng	disappointed
370	十分	shí fēn	completely; utterly [literally "ten points"]
371	实际	shí jì	reality; specific; actual
372	食品	shí pǐn	food (items)
373	实在	shí zài	truly
374	使用	shǐ yòng	use
375	试	shì	to try
376	市场	shì chǎng	market

序号	词语	拼音	翻译
377	适合	shì hé	suitable for
378	世纪	shì jì	century
379	适应	shì yìng	to adapt
380	收	shōu	to receive
381	收入	shōu rù	income
382	收拾	shōu shi	to put in order
383	首都	shǒu dū	capital (city)
384	首先	shǒu xiān	first
385	受不了	shòu bù liǎo	cannot bear it
386	售货员	shòu huò yuán	sales assistant
387	输	shū	to lose
388	熟悉	shú xī	to be familiar with
389	数量	shù liàng	amount
390	数字	shù zì	digital
391	帅	shuài	handsome
392	顺便	shùn biàn	in passing; incidentally
393	顺利	shùn lì	smooth
394	顺序	shùn xù	sequence
395	说明	shuō míng	to explain; instruction
396	硕士	shuò shì	master's degree
397	死	sǐ	die; extremely; rigid
398	速度	sù dù	speed
399	塑料袋	sù liào dài	plastic bag
400	酸	suān	sour
401	算	suàn	reckon
402	随便	suí biàn	as one wishes
403	随着	suí zhe	along with
404	所有	suǒ yǒu	all
405	抬	tái	to lift
406	台	tái	platform
407	态度	tài du	manner
408	谈	tán	talk
409	弹钢琴	tán gāng qín	to play the piano
410	汤	tāng	soup
411	躺	tǎng	lie down
412	讨论	tǎo lùn	to discuss
413	讨厌	tǎo yàn	dislike; loathe
414	特点	tè diǎn	characteristic feature

序号	词语	拼音	翻译
415	提供	tí gōng	to offer
416	提前	tí qián	in advance
417	提醒	tí xǐng	remind
418	填空	tián kòng	fill in blanks
419	条件	tiáo jiàn	condition
420	停止	tíng zhǐ	to stop
421	挺	tǐng	quite
422	通过	tōng guò	by means of; through; via
423	通知	tōng zhī	notify
424	同情	tóng qíng	to sympathize with
425	推	tuī	to push; refuse
426	推迟	tuī chí	to postpone
427	脱	tuō	to escape; shed
428	袜子	wà zi	socks
429	完全	wán quán	complete
430	往	wǎng	towards
431	网球	wǎng qiú	tennis
432	往往	wǎng wǎng	often
433	网站	wǎng zhàn	website
434	危险	wēi xiǎn	dangerous; danger
435	味道	wèi dào	flavour
436	温度	wēn dù	temperature
437	文章	wén zhāng	essay
438	握手	wò shǒu	to shake hands
439	污染	wū rǎn	pollution; to contaminate
440	无	wú	without
441	无聊	wú liáo	bored; boring
442	无论	wú lùn	no matter what or how
443	误会	wù huì	to misunderstand
444	西红柿	xī hóng shì	tomato
445	吸引	xī yǐn	to attract (interest, investment etc)
446	洗衣机	xǐ yī jī	washing machine
447	咸	xián	salty
448	现代	xiàn dài	modern
449	羡慕	xiàn mù	to envy
450	限制	xiàn zhì	to restrict
451	香	xiāng	fragrant
452	相反	xiāng fǎn	opposite; on the contrary

序号	词语	拼音	翻译
453	详细	xiáng xì	detailed
454	响	xiǎng	echo
455	消息	xiāo xi	news
456	小说	xiǎo shuō	novel
457	效果	xiào guǒ	result
458	笑话	xiào huà	joke
459	辛苦	xīn kǔ	hard; tough [work; life]
460	心情	xīn qíng	mood
461	信任	xìn rèn	to trust
462	信心	xìn xīn	confidence
463	信用卡	xìn yòng kǎ	credit card
464	兴奋	xīng fèn	excited
465	行	xíng	OK
466	醒	xǐng	wake; awake
467	性别	xìng bié	sex; gender
468	幸福	xìng fú	happiness
469	性格	xìng gé	temperament
470	修	xiū	repair
471	许多	xǔ duō	many
472	血	xuè	blood
473	压力	yā lì	pressure
474	牙膏	yá gāo	toothpaste
475	亚洲	Yà zhōu	Asia
476	呀	ya	ah
477	盐	yán	salt
478	严格	yán gé	strict
479	研究生	yán jiū shēng	graduate student
480	严重	yán zhòng	serious
481	演出	yǎn chū	performance
482	演员	yǎn yuán	actor/actress
483	阳光	yáng guāng	optimistic; cheerful; sunlight
484	养成	yǎng chéng	to cultivate
485	样子	yàng zi	appearance
486	邀请	yāo qǐng	invitation
487	钥匙	yào shi	key
488	也许	yě xǔ	perhaps
489	页	yè	page
490	叶子	yè zi	foliage

序号	词语	拼音	翻译
491	一切	yī qiè	everything
492	以	yǐ	using because of; so as to
493	亿	yì	100 million
494	意见	yì jiàn	idea
495	艺术	yì shù	art
496	因此	yīn cǐ	because of this
497	饮料	yǐn liào	drink
498	引起	yǐn qǐ	to give rise to
499	印象	yìn xiàng	impression
500	赢	yíng	win
501	硬	yìng	hard
502	勇敢	yǒng gǎn	brave
503	永远	yǒng yuǎn	forever
504	优点	yōu diǎn	advantage
505	幽默	yōu mò	humorous
506	优秀	yōu xiù	outstanding
507	由	yóu	from
508	尤其	yóu qí	especially
509	由于	yóu yú	due to
510	友好	yǒu hǎo	friendly
511	有趣	yǒu qù	interesting; fascinating
512	友谊	yǒu yì	companionship
513	愉快	yú kuài	joyful
514	于是	yú shì	as a result
515	语法	yǔ fǎ	grammar
516	羽毛球	yǔ máo qiú	badminton
517	语言	yǔ yán	language
518	预习	yù xí	to prepare a lesson
519	元	yuán	yuan [unit of Chinese currency]; dollar
520	原来	yuán lái	originally
521	原谅	yuán liàng	to excuse
522	原因	yuán yīn	reason
523	约会	yuē huì	appointment
524	阅读	yuè dú	reading
525	允许	yǔn xǔ	allow; permit
526	杂志	zá zhì	magazine
527	咱们	zán men	we [you and me etc.]
528	暂时	zàn shí	for the time being; temporary

序号	词语	拼音	翻译
529	责任	zé rèn	responsibility
530	增加	zēng jiā	to increase; add; raise
531	增长	zēng zhǎng	to grow
532	窄	zhǎi	narrow
533	招聘	zhāo pìn	recruitment
534	真正	zhēn zhèng	real
535	整理	zhěng lǐ	to arrange
536	整齐	zhěng qí	tidy
537	正常	zhèng cháng	normal; fine; generally speaking
538	正好	zhèng hǎo	just right
539	证明	zhèng míng	proof
540	正确	zhèng què	correct
541	正式	zhèng shì	formal
542	之	zhī	[a more literary form of 的 ; showing possession]
543	只	zhī	[measure word for animals]
544	支持	zhī chí	to be in favour of
545	知识	zhī shi	knowledge
546	值得	zhí de	worthy
547	直接	zhí jiē	direct
548	植物	zhí wù	plants
549	职业	zhí yè	profession; career
550	指	zhǐ	finger; point at
551	只好	zhǐ hǎo	have to; forced to
552	只要	zhǐ yào	so long as …
553	质量	zhì liàng	quality
554	至少	zhì shǎo	at least
555	制造	zhì zào	to manufacture
556	中文	zhōng wén	Chinese [written language]
557	重点	zhòng diǎn	main point
558	重视	zhòng shì	value
559	周围	zhōu wéi	around
560	猪	zhū	pig
561	逐渐	zhú jiàn	gradually
562	主动	zhǔ dòng	take the initiative
563	主意	zhǔ yi	idea
564	祝贺	zhù hè	to congratulate
565	著名	zhù míng	famous

序号	词语	拼音	翻译
566	专门	zhuān mén	specialised
567	专业	zhuān yè	professional
568	赚	zhuàn	to earn
569	撞	zhuàng	to hit
570	准确	zhǔn què	accurate
571	准时	zhǔn shí	punctual
572	仔细	zǐ xì	careful
573	自然	zì rán	natural
574	总结	zǒng jié	to sum up
575	租	zū	to rent
576	组成	zǔ chéng	to form
577	组织	zǔ zhī	organisation
578	嘴	zuǐ	mouth
579	最好	zuì hǎo	best
580	最后	zuì hòu	lastly
581	尊重	zūn zhòng	to honour
582	座	zuò	seat
583	做生意	zuò shēng yi	to do business
584	座位	zuò wèi	place; seat
585	作者	zuò zhě	author

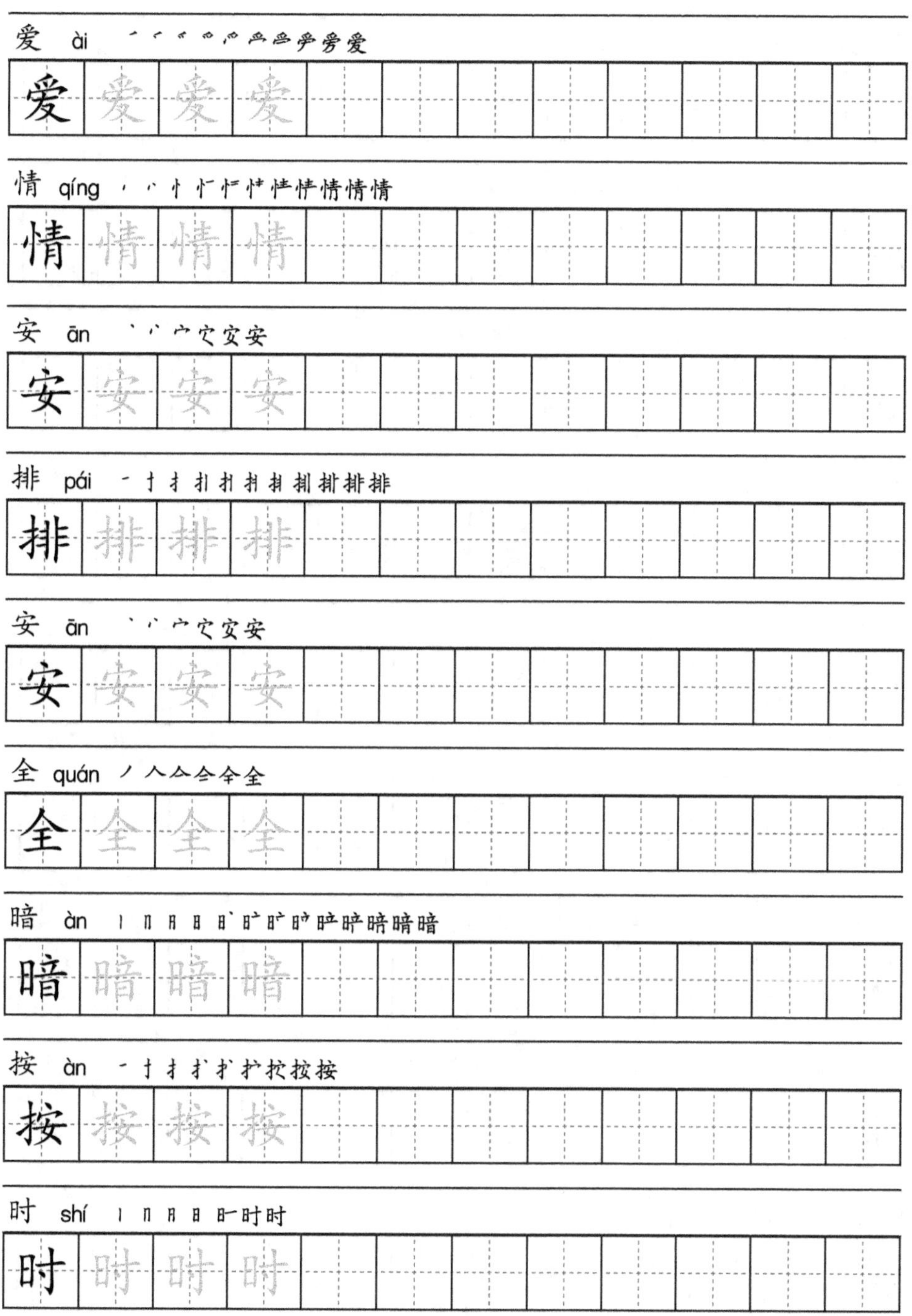

爱 ài ` ´ ˇ ˊ ˆ ˙ 爫 爫 严 受 爱
爱 爱 爱 爱

情 qíng ` ´ ´ 忄 忄 忄 忄 忄 情 情 情
情 情 情 情

安 ān ` ` 宀 宁 安 安
安 安 安 安

排 pái 一 十 扌 扌 扌 扌 扫 抈 排 排 排
排 排 排 排

安 ān ` ` 宀 宁 安 安
安 安 安 安

全 quán 丿 人 仝 仐 全 全
全 全 全 全

暗 àn 丨 冂 日 日 日 旷 旷 旷 晬 晬 暗 暗 暗
暗 暗 暗 暗

按 àn 一 十 扌 扌 扩 护 按 按 按
按 按 按 按

时 shí 丨 冂 日 日 日 时 时
时 时 时 时

按 àn 一 十 扌 扩 扩 护 按 按 按

| 按 | 按 | 按 | 按 | | | | | | | | |

照 zhào 丨 冂 日 日 旷 昭 昭 照 照 照 照 照

| 照 | 照 | 照 | 照 | | | | | | | | |

包 bāo ノ 勹 匀 匀 包

| 包 | 包 | 包 | 包 | | | | | | | | |

括 kuò 一 十 扌 扩 扩 拝 拝 括 括

| 括 | 括 | 括 | 括 | | | | | | | | |

保 bǎo ノ 亻 亻 伫 伫 伴 保 保

| 保 | 保 | 保 | 保 | | | | | | | | |

护 hù 一 十 扌 扩 护 护

| 护 | 护 | 护 | 护 | | | | | | | | |

保 bǎo ノ 亻 亻 伫 伫 伴 保 保

| 保 | 保 | 保 | 保 | | | | | | | | |

证 zhèng 丶 讠 订 订 证 证 证

| 证 | 证 | 证 | 证 | | | | | | | | |

抱 bào 一 十 扌 扩 扚 抲 抱 抱

| 抱 | 抱 | 抱 | 抱 | | | | | | | | |

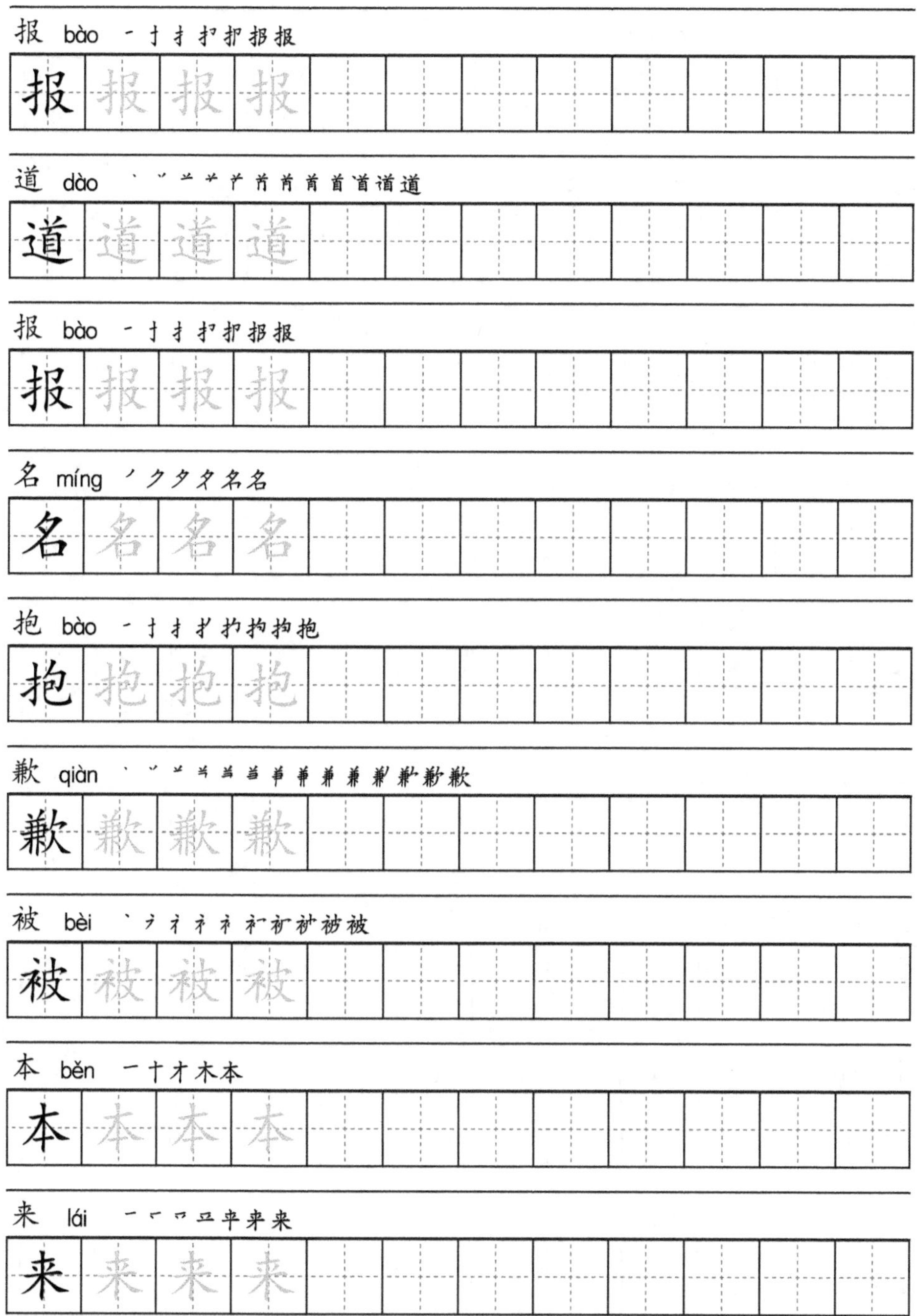

报 bào 一 十 才 扌 扌 报 报
报 报 报 报
道 dào 丶 丷 丷 丷 丷 芦 芦 首 首 首 道 道
道 道 道 道
报 bào 一 十 才 扌 扌 报 报
报 报 报 报
名 míng 丿 夕 夕 夕 名 名
名 名 名 名
抱 bào 一 十 才 扌 扌 扌 抱 抱
抱 抱 抱 抱
歉 qiàn 丶 丷 丷 丷 兰 兰 单 单 单 歉 歉 歉 歉
歉 歉 歉 歉
被 bèi 丶 ㇇ 衤 衤 衤 衤 衤 被 被 被
被 被 被 被
本 běn 一 十 才 木 本
本 本 本 本
来 lái 一 ㇇ 丷 丌 平 来 来
来 来 来 来

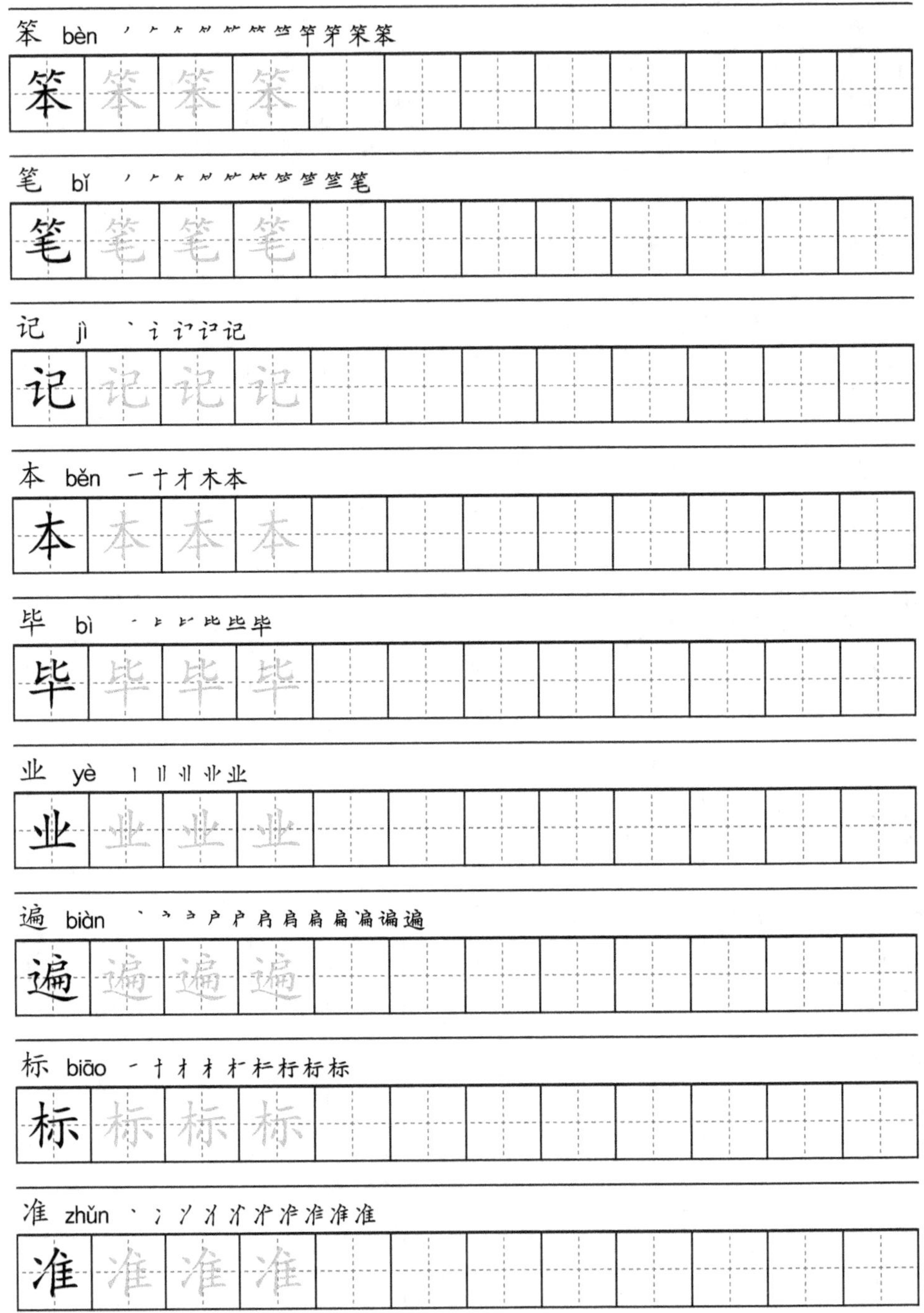

笨 bèn ノ ト ト ト ケ ケ ケ ケ ケ 竺 笨 笨 笨

笔 bǐ ノ ト ト ト ケ ケ ケ 竺 笔 笔 笔

记 jì 丶 讠 讠 记 记

本 běn 一 十 オ 木 本

毕 bì 一 ト 比 比 毕 毕

业 yè 丨 刂 刂 业 业

遍 biàn 丶 宀 宀 户 户 肩 肩 扁 扁 遍 遍 遍

标 biāo 一 十 オ 木 杧 杧 杆 标 标

准 zhǔn 丶 冫 冫 冫 冫 准 准 准 准 准

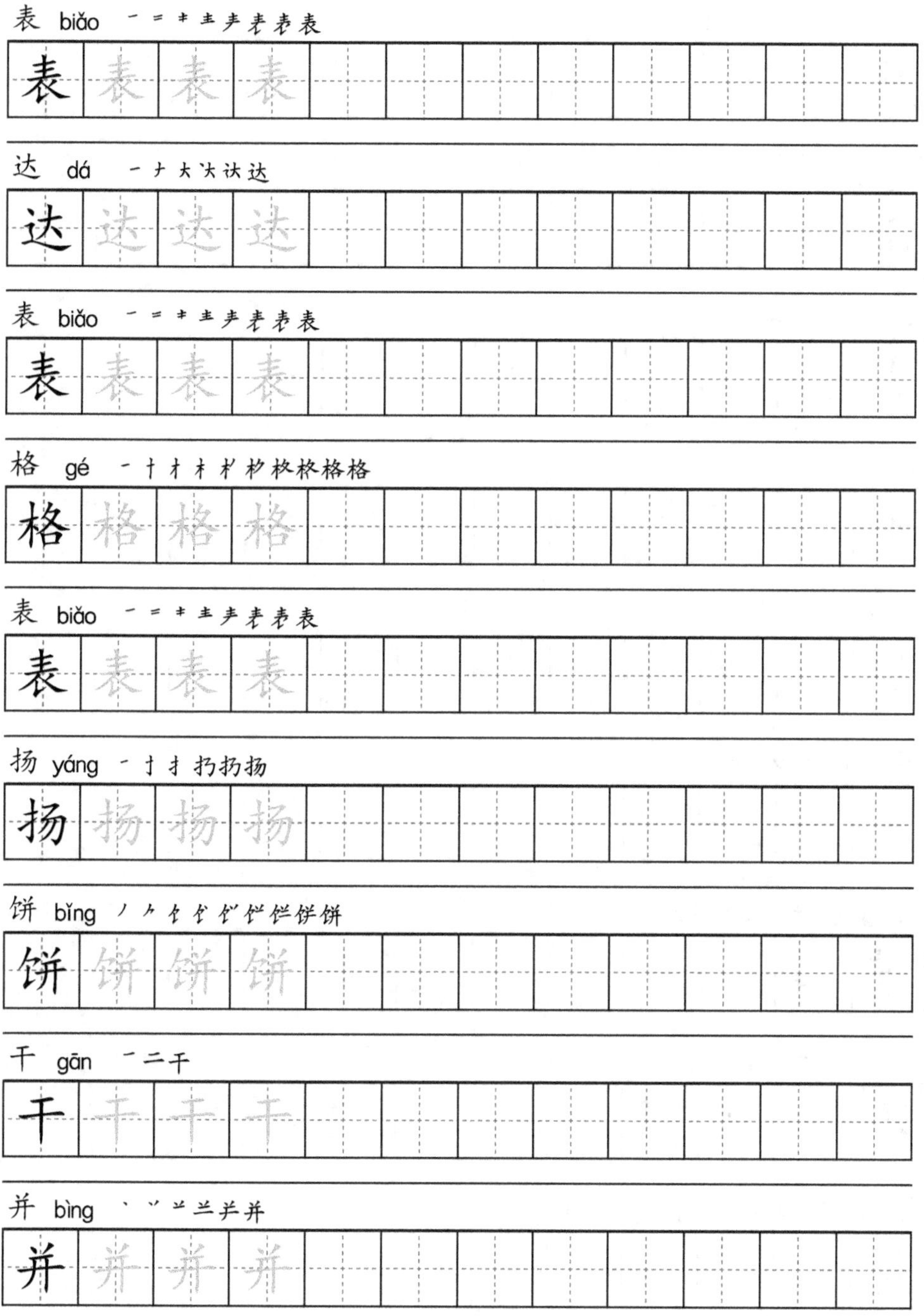

表 biǎo 一 二 丰 主 声 耒 耒 表
达 dá 一 ナ 大 犬 込 达
表 biǎo 一 二 丰 主 声 耒 耒 表
格 gé 一 十 才 木 杉 杦 杦 杦 格 格
表 biǎo 一 二 丰 主 声 耒 耒 表
扬 yáng 一 寸 扌 扬 扬 扬
饼 bǐng 丿 饣 饣 饣 饣 饼 饼 饼 饼
干 gān 一 二 干
并 bìng 丶 丷 兰 兰 并 并

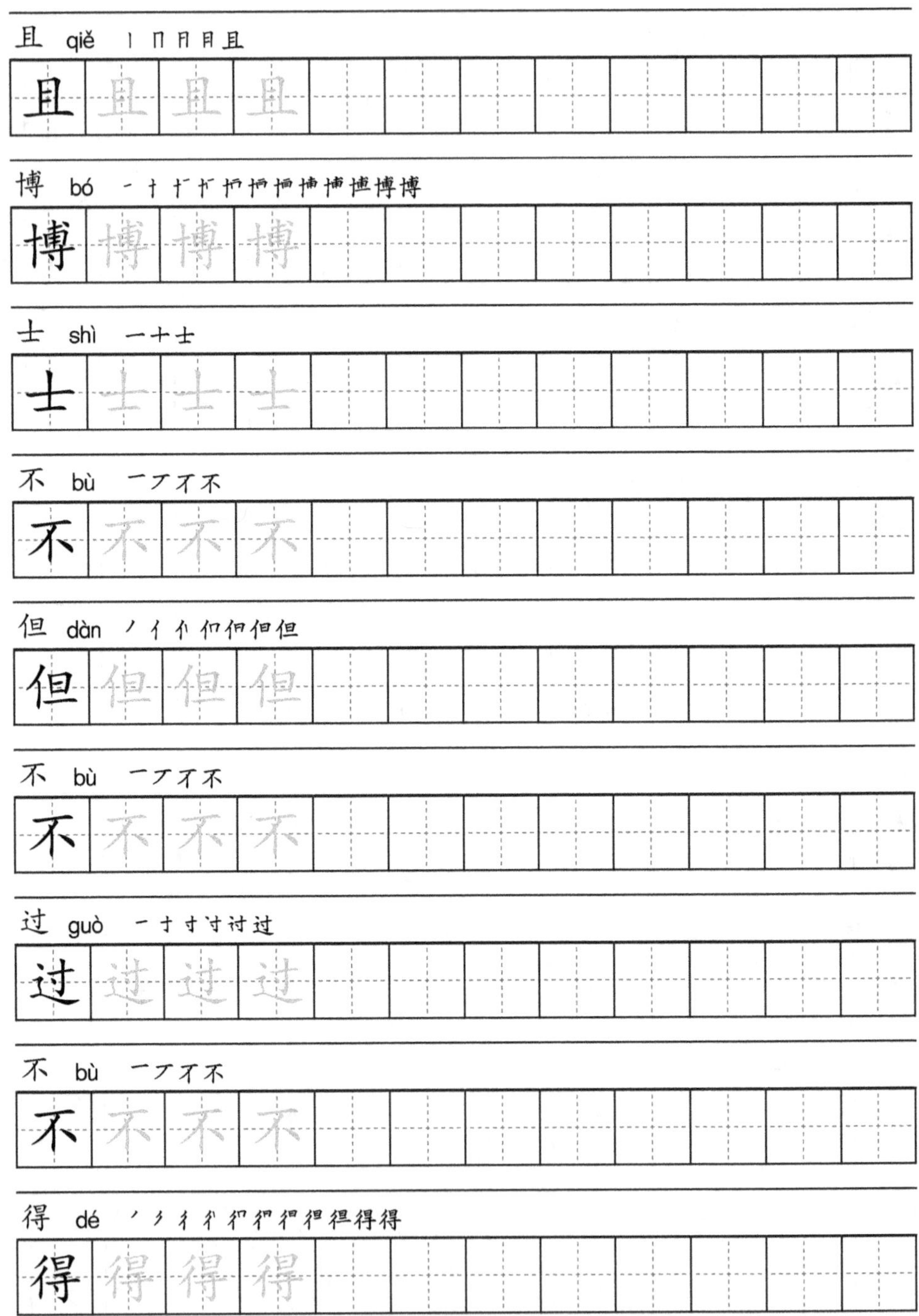

且 qiě 丨冂冃目且
博 bó 一十十忄忄忄忄忄博博博博
士 shì 一十士
不 bù 一丆オ不
但 dàn ノイ亻们但但但
不 bù 一丆オ不
过 guò 一寸寸过讨过
不 bù 一丆オ不
得 dé ノクタ彳彳彳彳彳彳彳得得

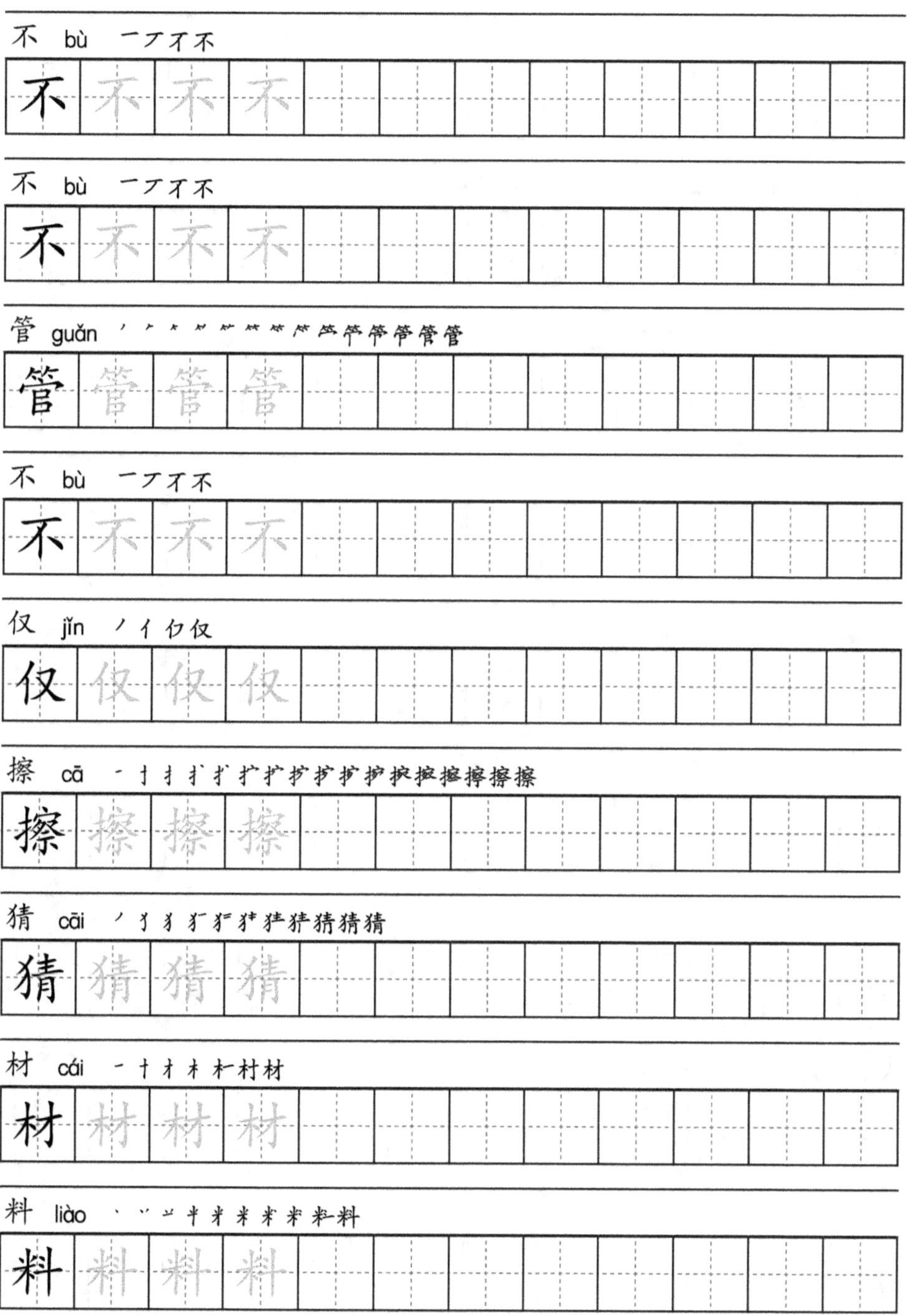

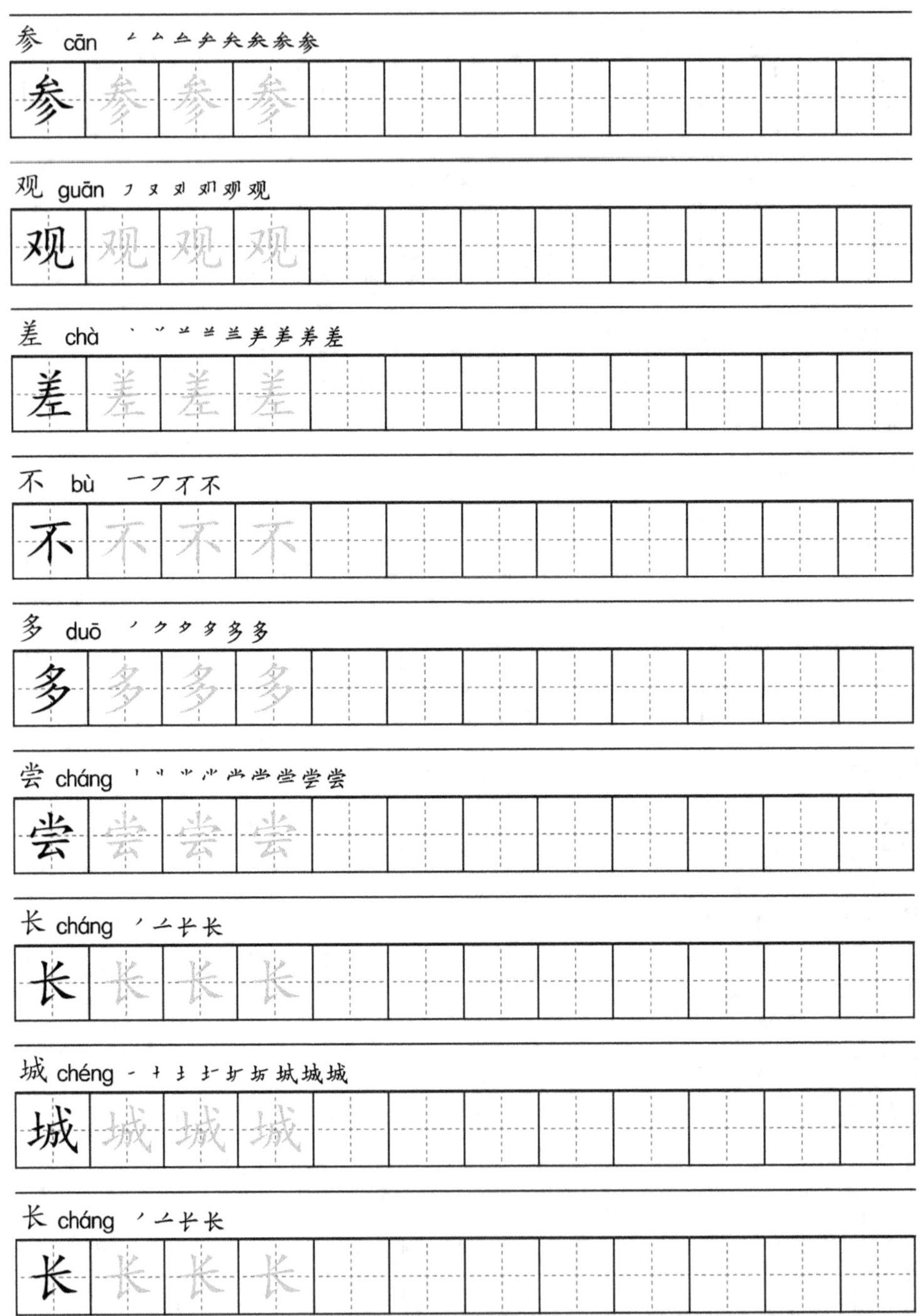

参 cān ⺊厶⺊叁夅奙奙参参
观 guān ⺆又又观观观
差 chà ⺀⺀⺷兰兰羊差羊差
不 bù 一丆才不
多 duō 勹勹夂夕多多
尝 cháng ⺌⺌⺌⺌尝尝尝尝尝
长 cháng 丿⺮长长
城 chéng 一十土圠圢坊城城城
长 cháng 丿⺮长长

江 jiāng 、丶氵汀江江
江 江 江 江
超 chāo 一十土キキ丰走起起起超超
超 超 超 超
过 guò 一寸寸寸讨过
过 过 过 过
吵 chǎo 丨口口叮叮吵吵
吵 吵 吵 吵
成 chéng 一厂厅成成成
成 成 成 成
功 gōng 一丁工功功
功 功 功 功
诚 chéng 丶讠讠让诈诫诚诚
诚 诚 诚 诚
实 shí 丶丶宀宁宇实实
实 实 实 实
成 chéng 一厂厅成成成
成 成 成 成

熟 shú ` 一 亠 亣 古 亨 亨 享 享 刻 孰 孰 孰 熟 熟

成 chéng 一 厂 厈 成 成 成

为 wéi ` ノ 为 为

乘 chéng ˊ 二 千 禾 乖 乖 乖 乖 乘 乘

坐 zuò ノ 人 从 从 丛 坐 坐

吃 chī 丨 冂 口 叶 吃 吃

惊 jīng ` 丷 忄 忄 忙 忙 惊 惊 惊 惊

重 chóng ˊ 二 亡 台 台 台 申 重 重

新 xīn ` 亠 亠 产 立 立 辛 亲 亲 亲 新 新 新

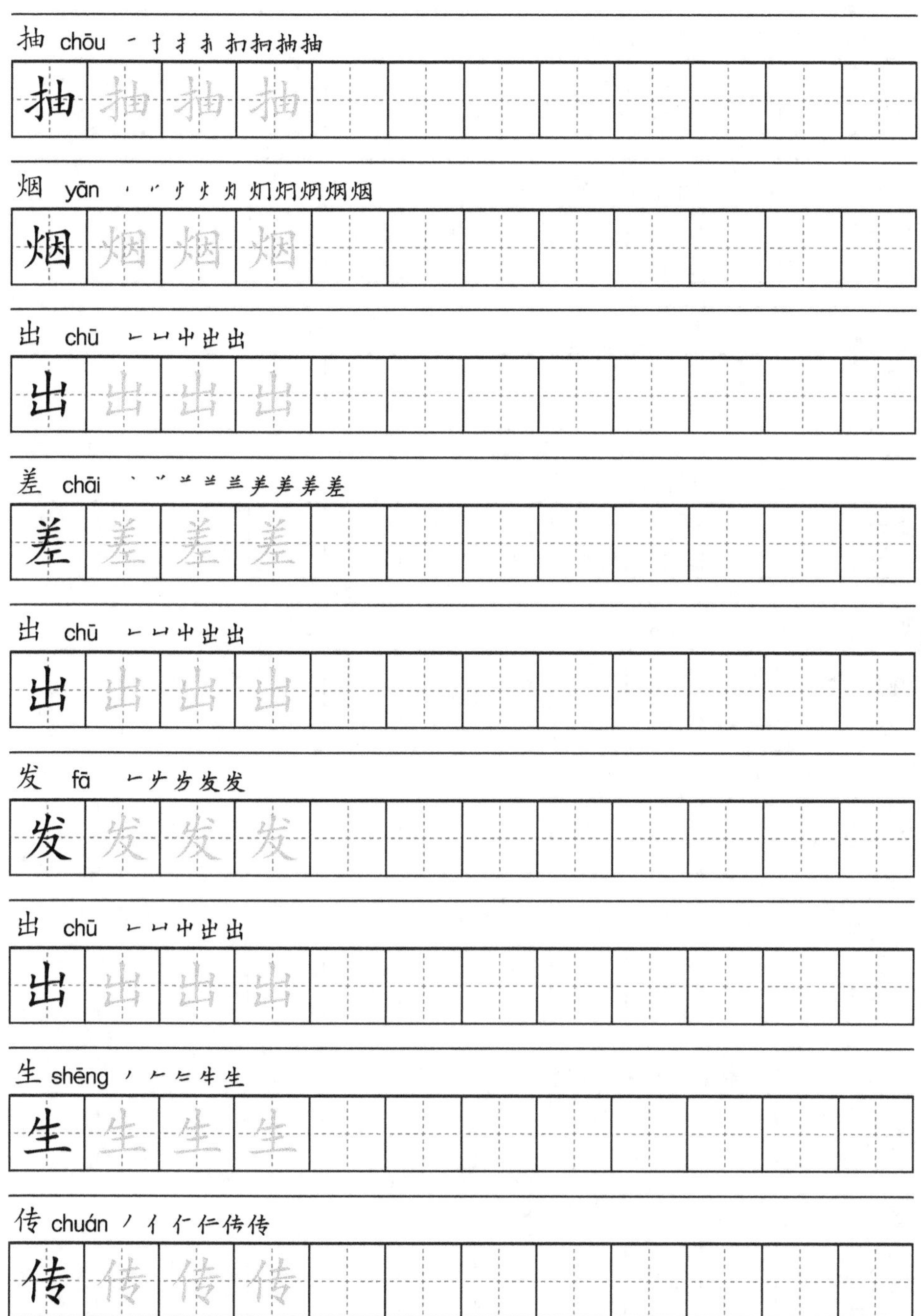

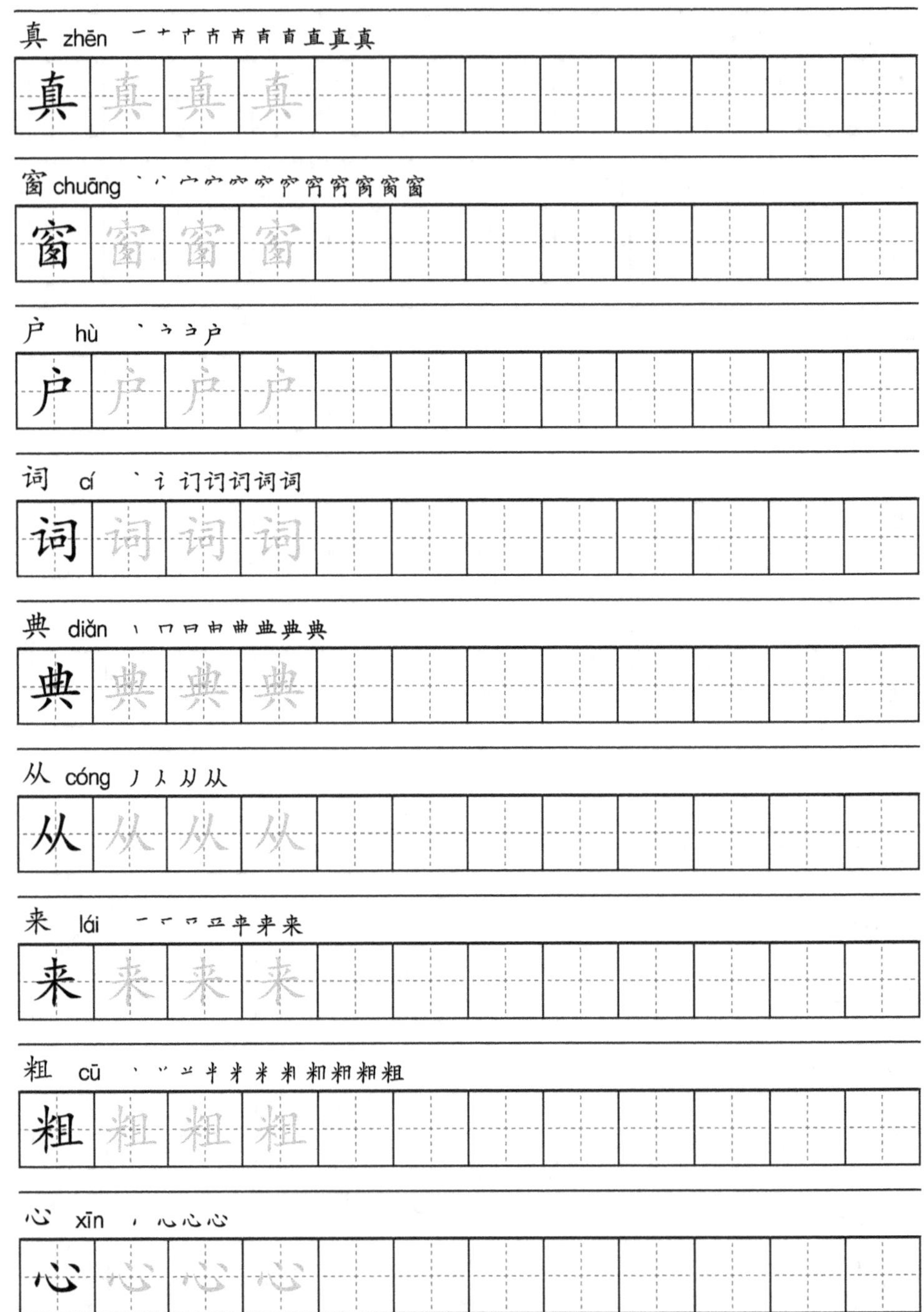

真 zhēn 一 十 广 市 市 甫 亩 直 真 真

窗 chuāng 丶 丷 宀 宀 窊 穴 窣 窗 窗 窗 窗

户 hù 丶 冫 ヨ 户

词 cí 丶 讠 订 诃 词 词 词

典 diǎn 丶 冂 日 由 曲 曲 典 典

从 cóng 丿 人 丛 从

来 lái 一 丆 口 卫 平 来 来

粗 cū 丶 丷 半 半 米 籼 籼 粗 粗 粗

心 xīn 丶 心 心 心

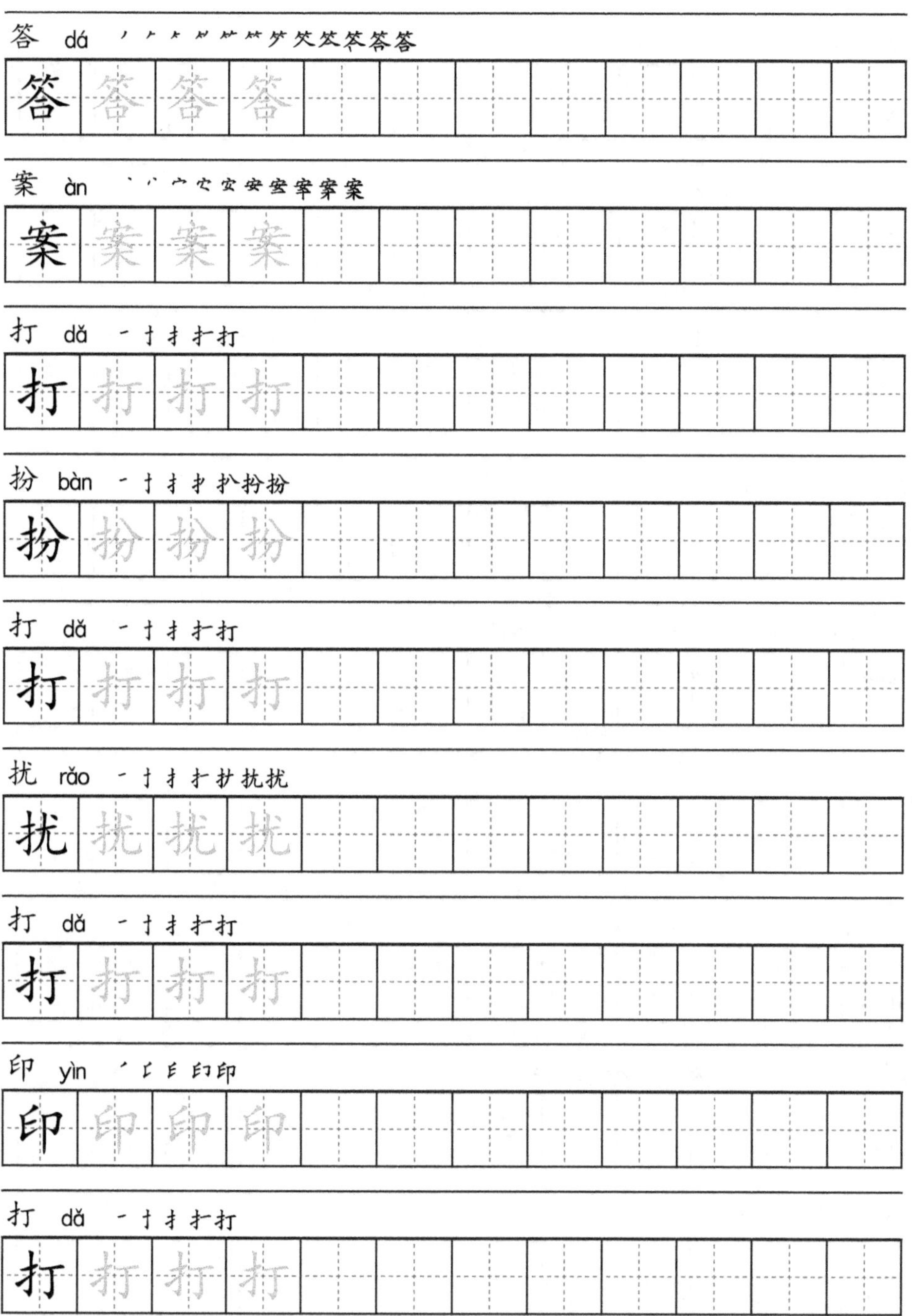

答 dá ノ 人 人 人 竹 竹 竹 笠 笠 答 答 答
答 答 答 答

案 àn 丶 丶 宀 宀 安 安 安 案 案 案
案 案 案 案

打 dǎ 一 十 扌 打
打 打 打 打

扮 bàn 一 十 扌 扌 扮 扮 扮
扮 扮 扮 扮

打 dǎ 一 十 扌 打
打 打 打 打

扰 rǎo 一 十 扌 扌 扩 扰 扰
扰 扰 扰 扰

打 dǎ 一 十 扌 打
打 打 打 打

印 yìn 丶 匚 臣 印 印
印 印 印 印

打 dǎ 一 十 扌 打
打 打 打 打

折 zhé 一 扌 扌 扩 扩 折 折

打 dǎ 一 扌 扌 打

针 zhēn 丿 𠂉 钅 钅 钅 针

大 dà 一 ナ 大

概 gài 一 木 木 木 杠 杠 杠 桐 桐 栭 栭 概

大 dà 一 ナ 大

使 shǐ 丿 亻 仁 仨 何 佢 使 使

馆 guǎn 丿 𠂉 钅 钅 钅 馆 馆 馆 馆 馆

大 dà 一 ナ 大

约 yuē 𠃋 ㄥ 纟 纟 约 约

约	约	约	约								

戴 dài 一 十 土 圭 声 击 击 击 击 击 击 重 重 重 戴 戴 戴

戴	戴	戴	戴								

代 dài 丿 亻 仁 代 代

代	代	代	代								

表 biǎo 一 二 丰 主 声 表 表 表

表	表	表	表								

大 dài 一 ナ 大

大	大	大	大								

夫 fū 一 二 夫 夫

夫	夫	夫	夫								

代 dài 丿 亻 仁 代 代

代	代	代	代								

替 tì 一 二 夫 夫 夫 夫 扶 扶 替 替 替 替

替	替	替	替								

当 dāng 丨 丬 ⺌ 当 当 当

当	当	当	当								

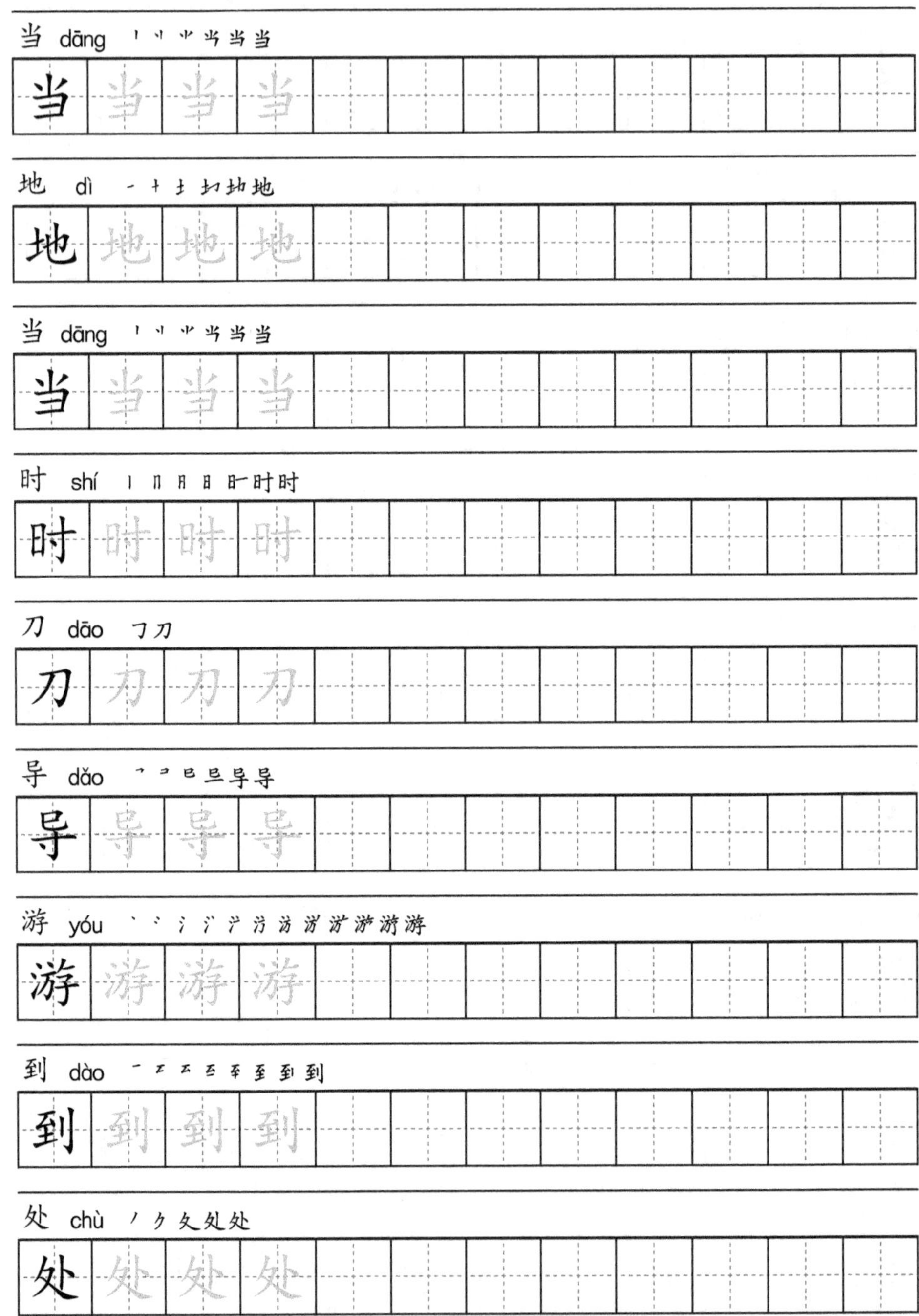

当 dāng 丨丶丷当当当
地 dì 一十土圹地地
当 dāng 丨丶丷当当当
时 shí 丨冂冂日旪时时
刀 dāo 刁刀
导 dǎo 刁彐巳导导导
游 yóu 丶丶氵氵汸汸汸渉渉游游
到 dào 一厶互互至至到到
处 chù 丿夂夂处处

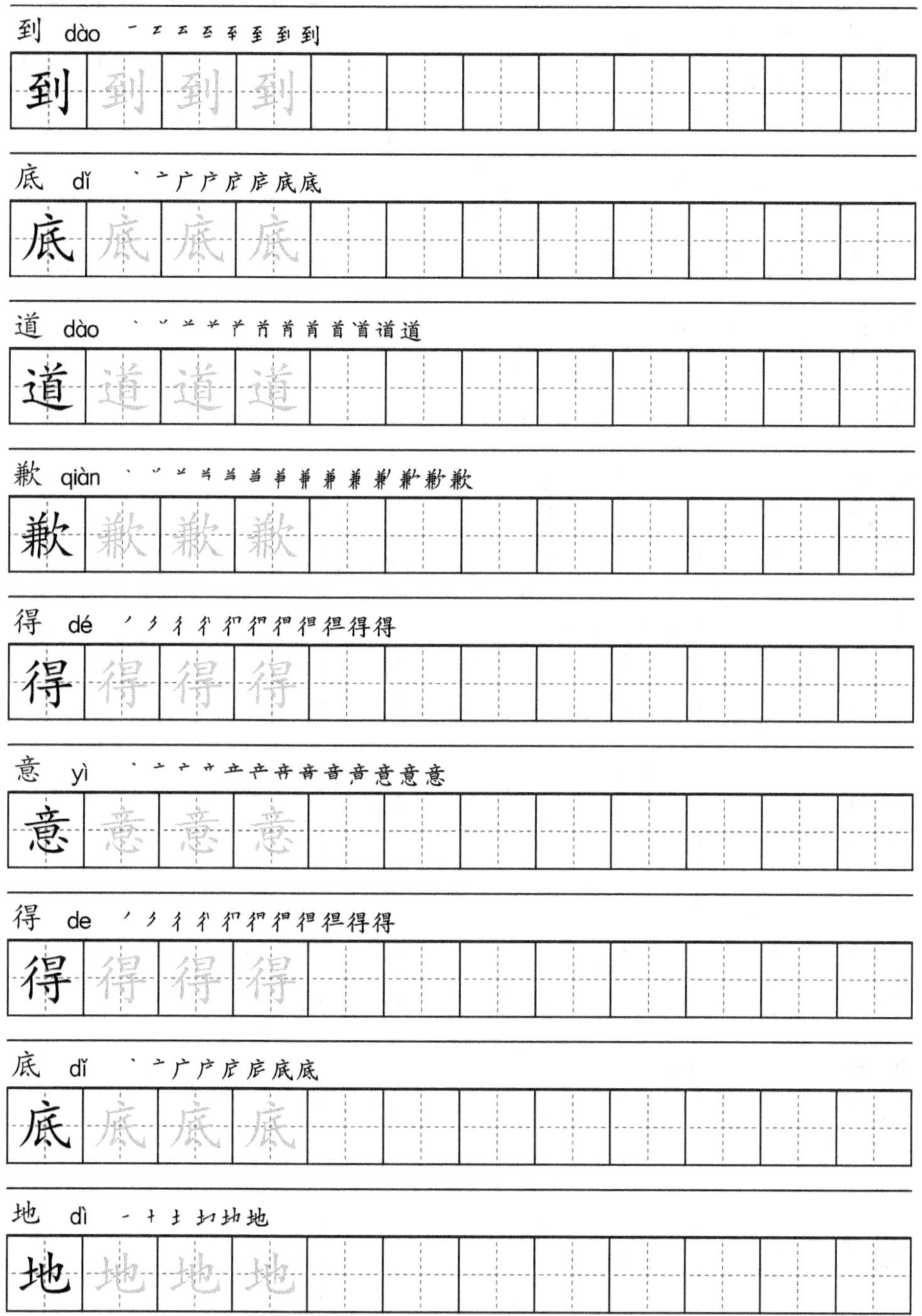

到 dào	一 丁 互 五 丞 至 到 到
底 dǐ	、 一 广 户 庐 庐 底 底
道 dào	、 丷 丷 丷 首 首 首 首 首 道 道
歉 qiàn	、 丷 丷 圡 丱 丷 兼 兼 兼 兼 歉 歉 歉
得 dé	丿 勹 彳 彳 彳 彳 彳 彳 得 得
意 yì	、 一 六 立 产 产 音 音 音 意 意 意
得 de	丿 勹 彳 彳 彳 彳 彳 彳 得 得
底 dǐ	、 一 广 户 庐 庐 底 底
地 dì	一 十 土 圠 圤 地 地

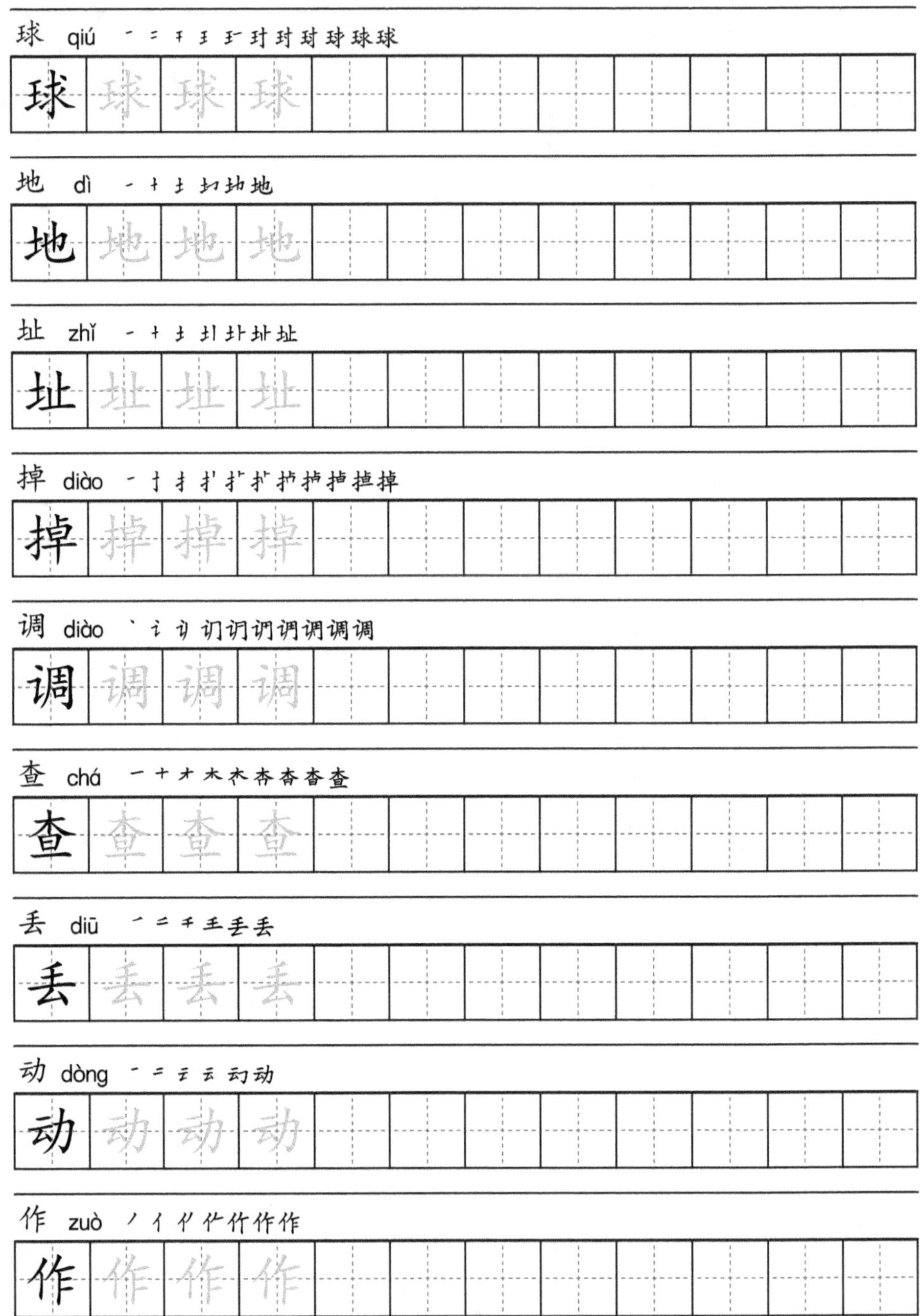

球 qiú 一 二 于 王 王 玎 玎 玎 球 球 球
球 球 球 球
地 dì 一 十 土 圹 地 地
地 地 地 地
址 zhǐ 一 十 土 圵 圵 址 址
址 址 址 址
掉 diào 一 十 扌 扩 扩 扩 挡 挡 挡 掉
掉 掉 掉 掉
调 diào 丶 讠 讠 讱 讱 调 调 调 调
调 调 调 调
查 chá 一 十 木 木 木 杏 杏 查 查
查 查 查 查
丢 diū 一 二 千 王 丢 丢
丢 丢 丢 丢
动 dòng 一 二 云 云 动 动
动 动 动 动
作 zuò 丿 亻 亻 亻 作 作 作 作
作 作 作 作

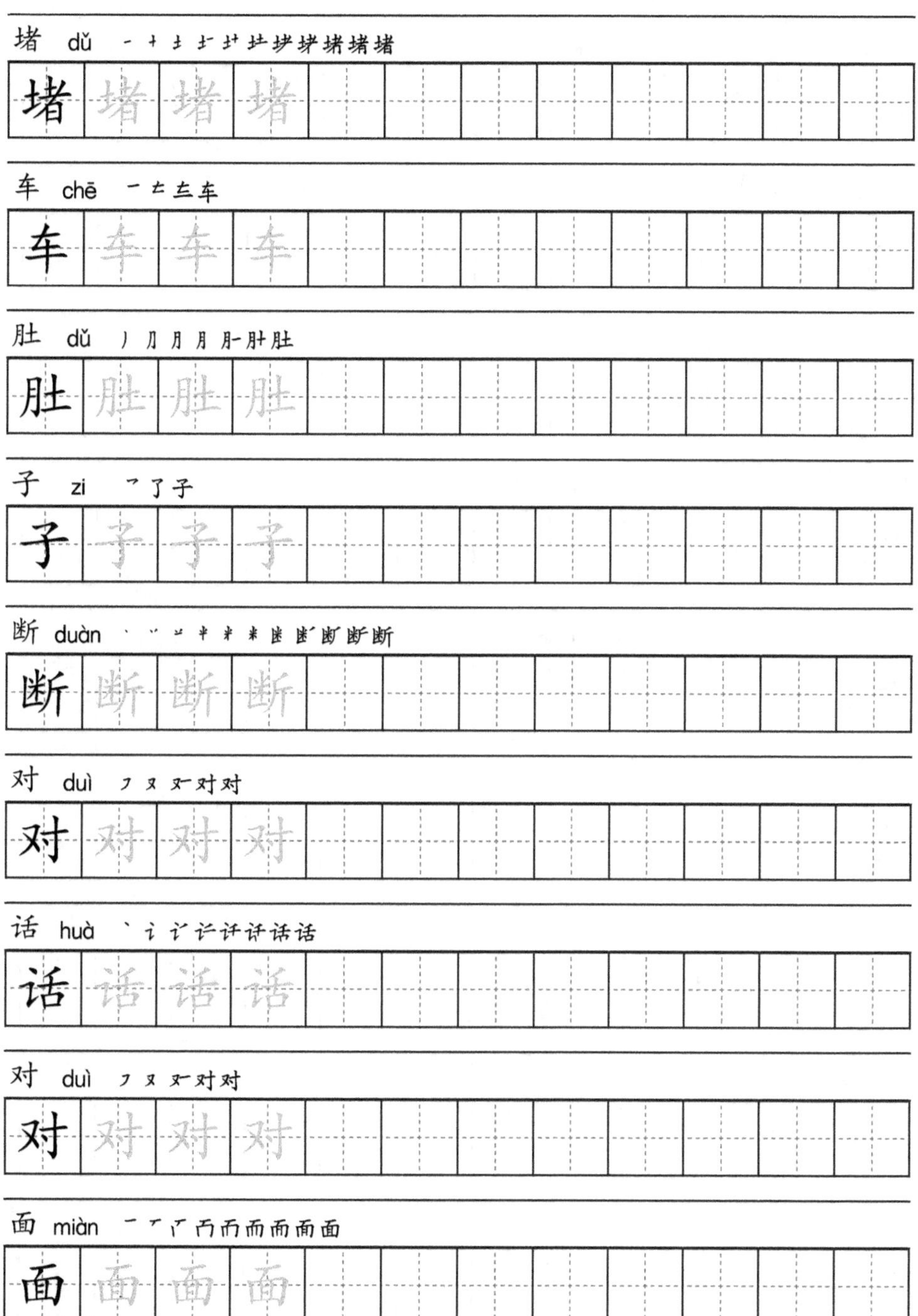

堵 dǔ 一 十 土 土 圡 圤 堵 堵 堵 堵 堵
堵 堵 堵 堵

车 chē 一 七 左 车
车 车 车 车

肚 dǔ 丿 几 几 月 月 肚 肚
肚 肚 肚 肚

子 zi 了 了 子
子 子 子 子

断 duàn 丶 丶 丷 半 米 迷 迷 断 断 断
断 断 断 断

对 duì 丆 又 又 对 对
对 对 对 对

话 huà 丶 讠 讠 讠 话 话 话 话
话 话 话 话

对 duì 丆 又 又 对 对
对 对 对 对

面 miàn 一 丆 广 丙 而 而 面 面 面
面 面 面 面

顿 dùn 　丶亡丷屯屯屯䴗顿顿顿

顿 顿 顿 顿

朵 duǒ 　丿几凸凸朵朵

朵 朵 朵 朵

而 ér 　一丆丆丙而而

而 而 而 而

儿 ér 　丿儿

儿 儿 儿 儿

童 tóng 　丶亠立立产产音音音童童

童 童 童 童

发 fā 　一少发发发

发 发 发 发

发 fā 　一少发发发

发 发 发 发

生 shēng 　丿丷牛生生

生 生 生 生

发 fà 　一少发发发

发 发 发 发

展 zhǎn ⁻ ⁻ ⁿ ⁿ ⁿ 尸 尸 尸 屈 屈 居 展 展

法 fǎ ⁻ ⁻ ⁺ ⁺ 汁 注 法 法

律 lǜ ⁻ ⁺ ⁺ ⁺ 彳 彳 彳 律 律

翻 fān ⁻ ⁺ ⁺ ⁺ 平 采 采 采 番 番 番 番 翻 翻 翻 翻 翻 翻

译 yì ⁻ ⁺ 讠 识 识 译 译 译

烦 fán ⁺ ⁺ ⁺ 火 火 灯 灯 烦 烦 烦

恼 nǎo ⁺ ⁺ ⁺ 忄 忄 忙 忙 恼 恼 恼

反 fǎn ⁻ 厂 反 反

对 duì ⁻ 又 又 对 对

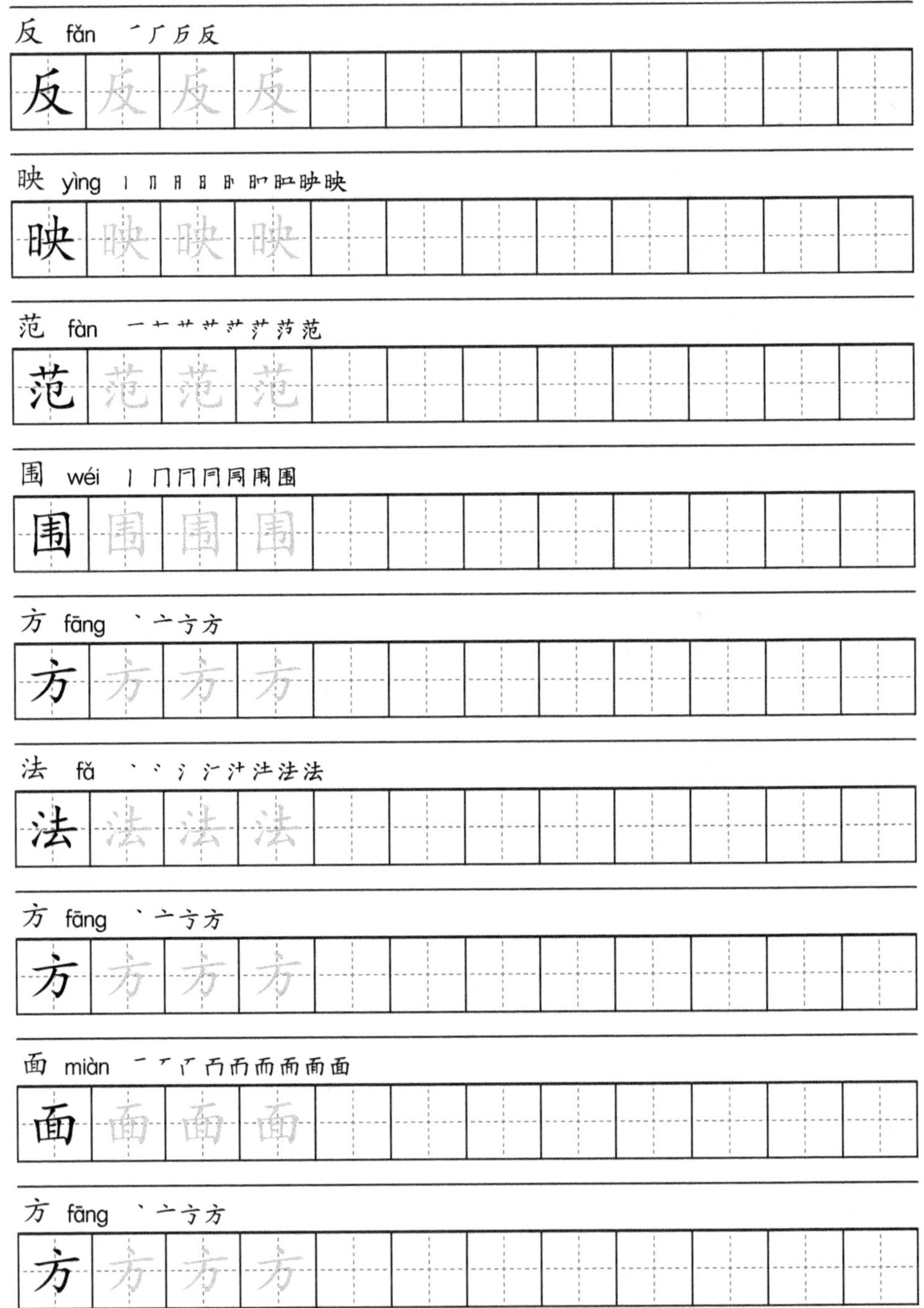

反 fǎn 一 厂 反 反
映 yìng 丨 冂 冃 日 日 肋 映 映
范 fàn 一 艹 艹 艹 艻 劳 范
围 wéi 丨 冂 冂 冃 冃 围 围
方 fāng 丶 一 亍 方
法 fǎ 丶 丶 氵 汁 汁 法 法 法
方 fāng 丶 一 亍 方
面 miàn 一 丆 丆 帀 而 而 面 面
方 fāng 丶 一 亍 方

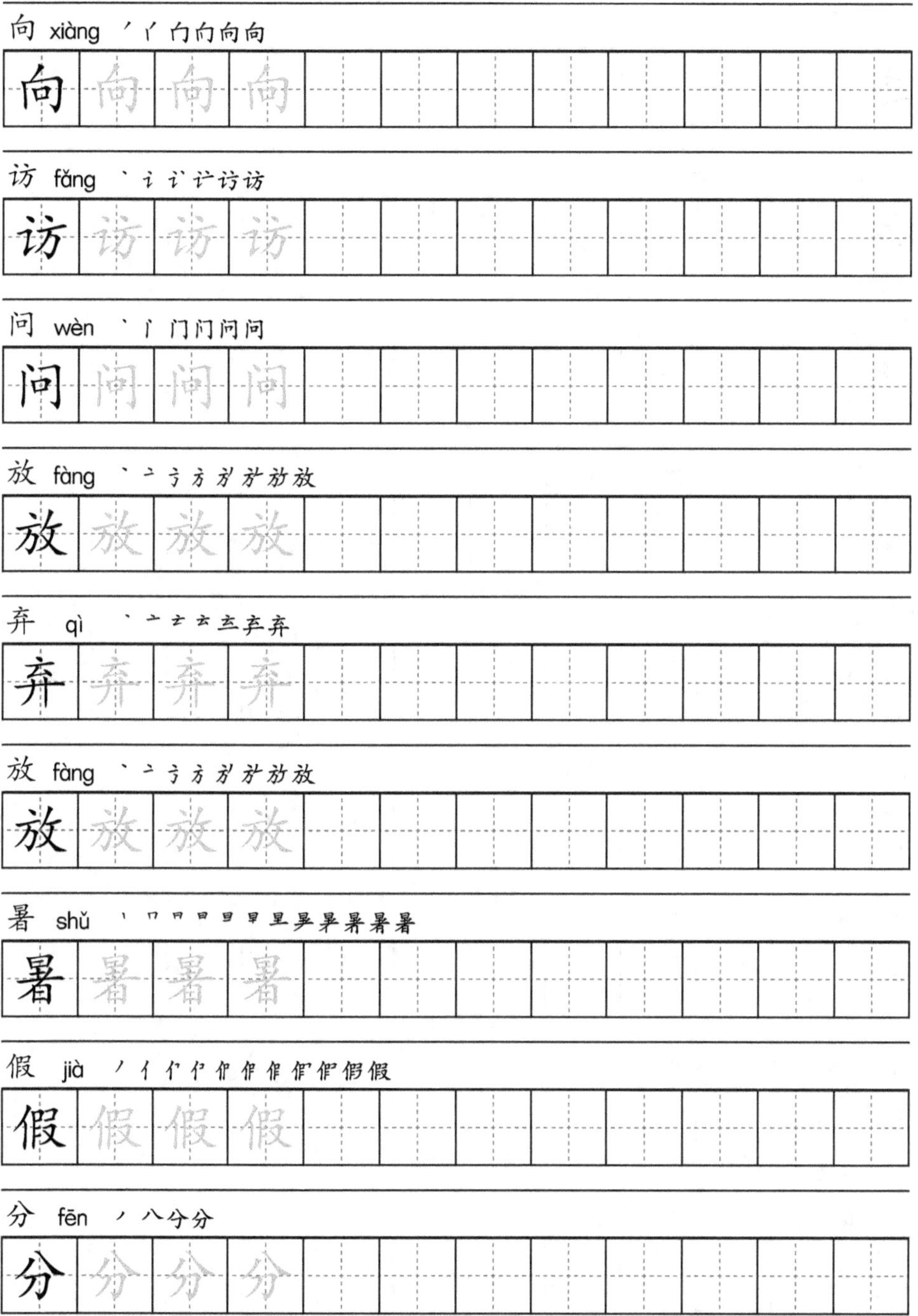

向 xiàng 丿 亻 门 向 向 向

访 fǎng 丶 讠 讠 讠 访 访

问 wèn 丶 门 门 问 问 问

放 fàng 丶 宀 方 方 方 放 放

弃 qì 丶 亠 云 五 弃 弃

放 fàng 丶 宀 方 方 方 放 放

暑 shǔ 丨 门 门 日 旦 早 里 异 昇 暑 暑

假 jià 丿 亻 亻 亻 亻 佧 作 作 佢 假 假

分 fēn 丿 八 分 分

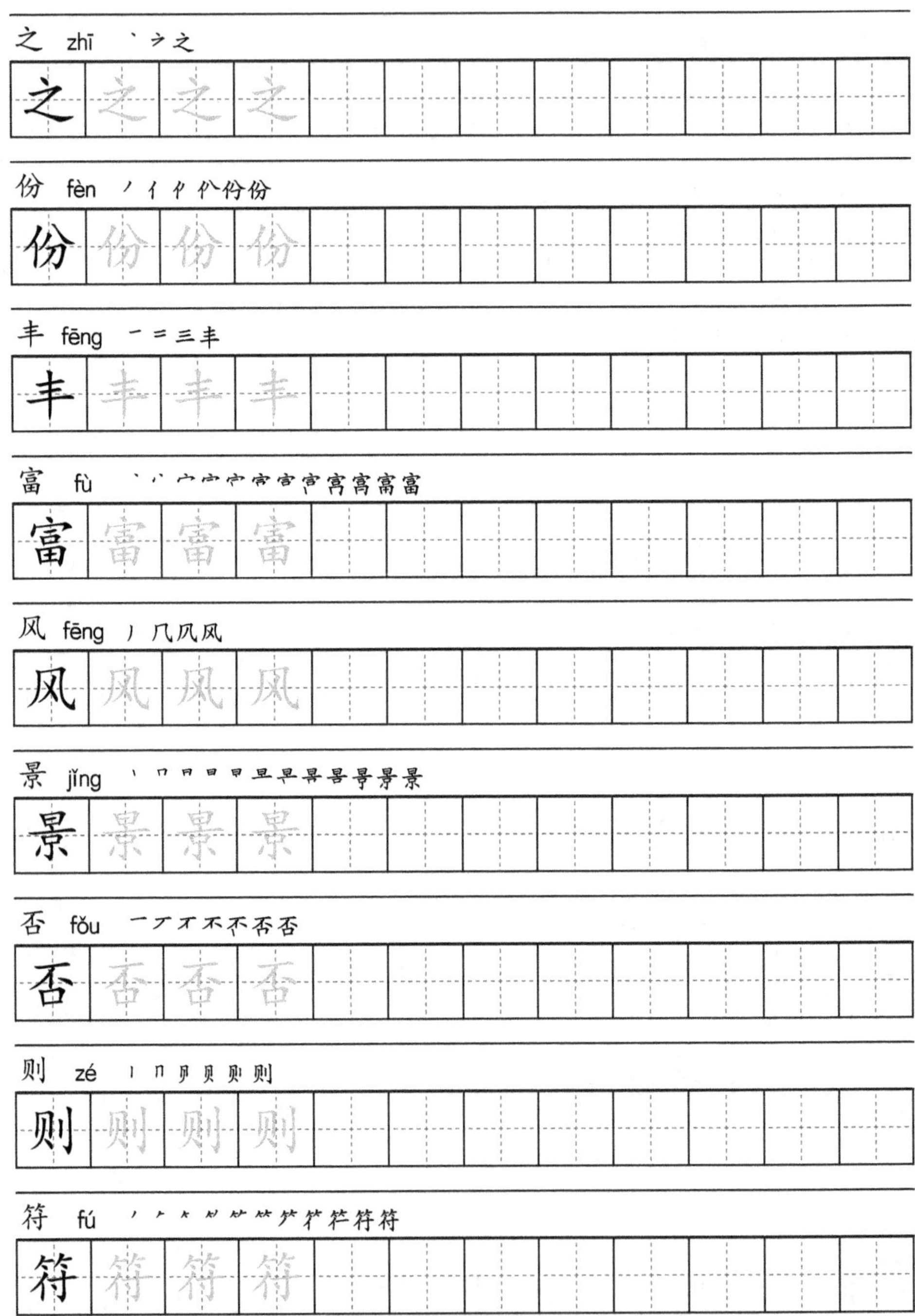

之 zhī 、丶之

份 fèn ノイ仂仂份份

丰 fēng 一二三丰

富 fù 、丶宀宀宀宫宫宫富富富

风 fēng ノ几凡风

景 jǐng 丶冂冂日旦早昂昱景景景

否 fǒu 一ア不不否否

则 zé 丨冂冂贝刚则

符 fú ノ丶丶竹竹竹竹竹符符

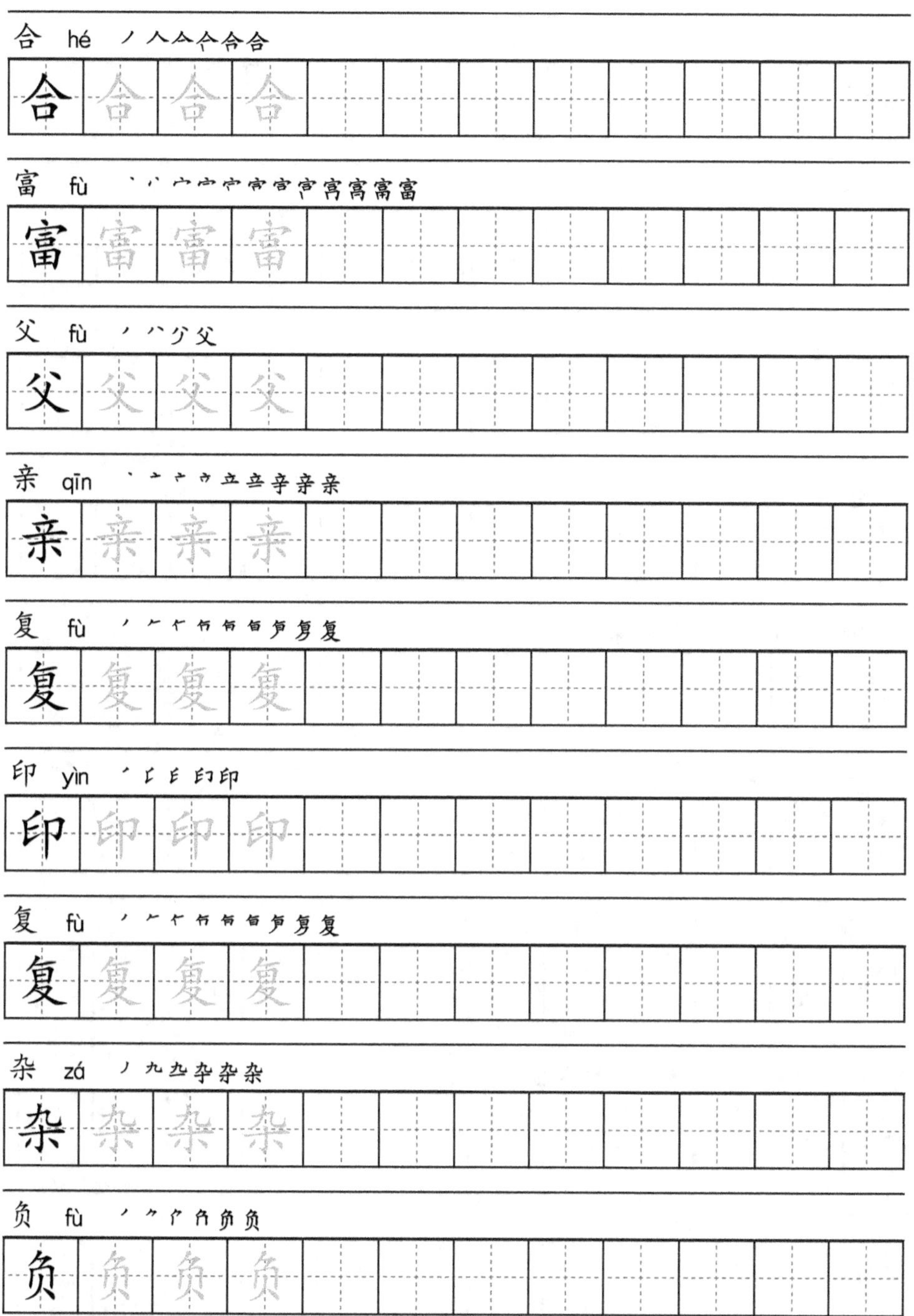

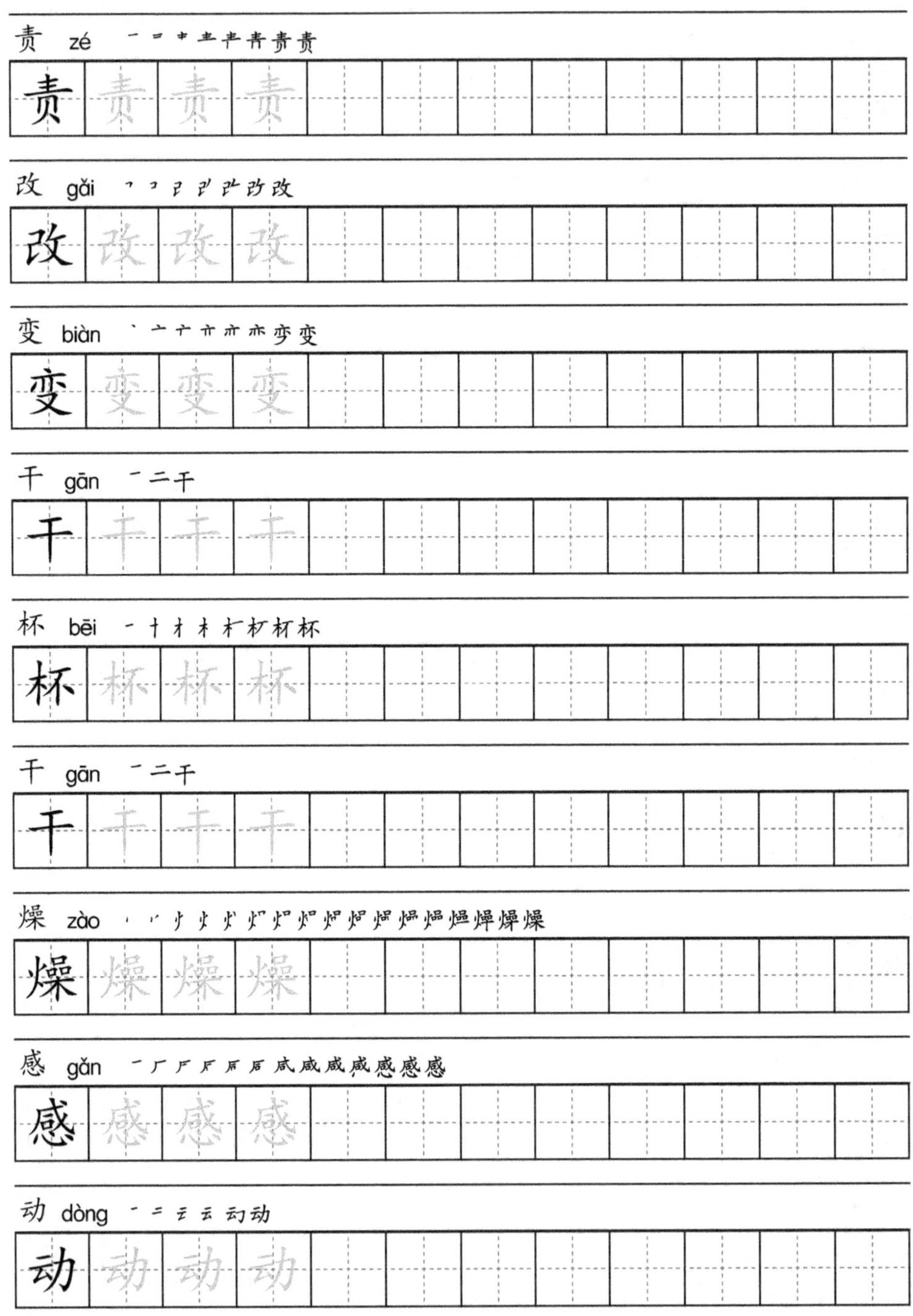

责 zé 一 二 丰 キ 卡 青 责 责

改 gǎi フ フ ㇕ 己 己 改 改

变 biàn 丶 一 亠 ㇉ 市 亦 变 变

干 gān 一 二 干

杯 bēi 一 十 才 木 杧 杯 杯

干 gān 一 二 干

燥 zào 丶 丷 丷 灯 灯 灯 炉 炉 炉 煌 煌 煜 燥 燥

感 gǎn 一 厂 厂 厂 厂 咸 咸 咸 咸 感 感 感

动 dòng 一 二 云 云 动 动

感 gǎn	一 厂 厂 厂 厄 咸 咸 咸 咸 感 感 感

感 感 感 感

觉 jué	丶 丷 丷 丷 兴 兴 学 觉 觉

觉 觉 觉 觉

感 gǎn	一 厂 厂 厂 厄 咸 咸 咸 咸 感 感 感

感 感 感 感

情 qíng	丶 丷 忄 忄 忄 忄 忄 情 情 情

情 情 情 情

感 gǎn	一 厂 厂 厂 厄 咸 咸 咸 咸 感 感 感

感 感 感 感

谢 xiè	丶 讠 讠 讠 讠 询 谢 谢 谢 谢 谢 谢

谢 谢 谢 谢

高 gāo	丶 一 亠 古 古 亨 高 高 高 高

高 高 高 高

级 jí	乙 丝 丝 幻 级 级

级 级 级 级

各 gè	丿 夂 夂 各 各

各 各 各 各

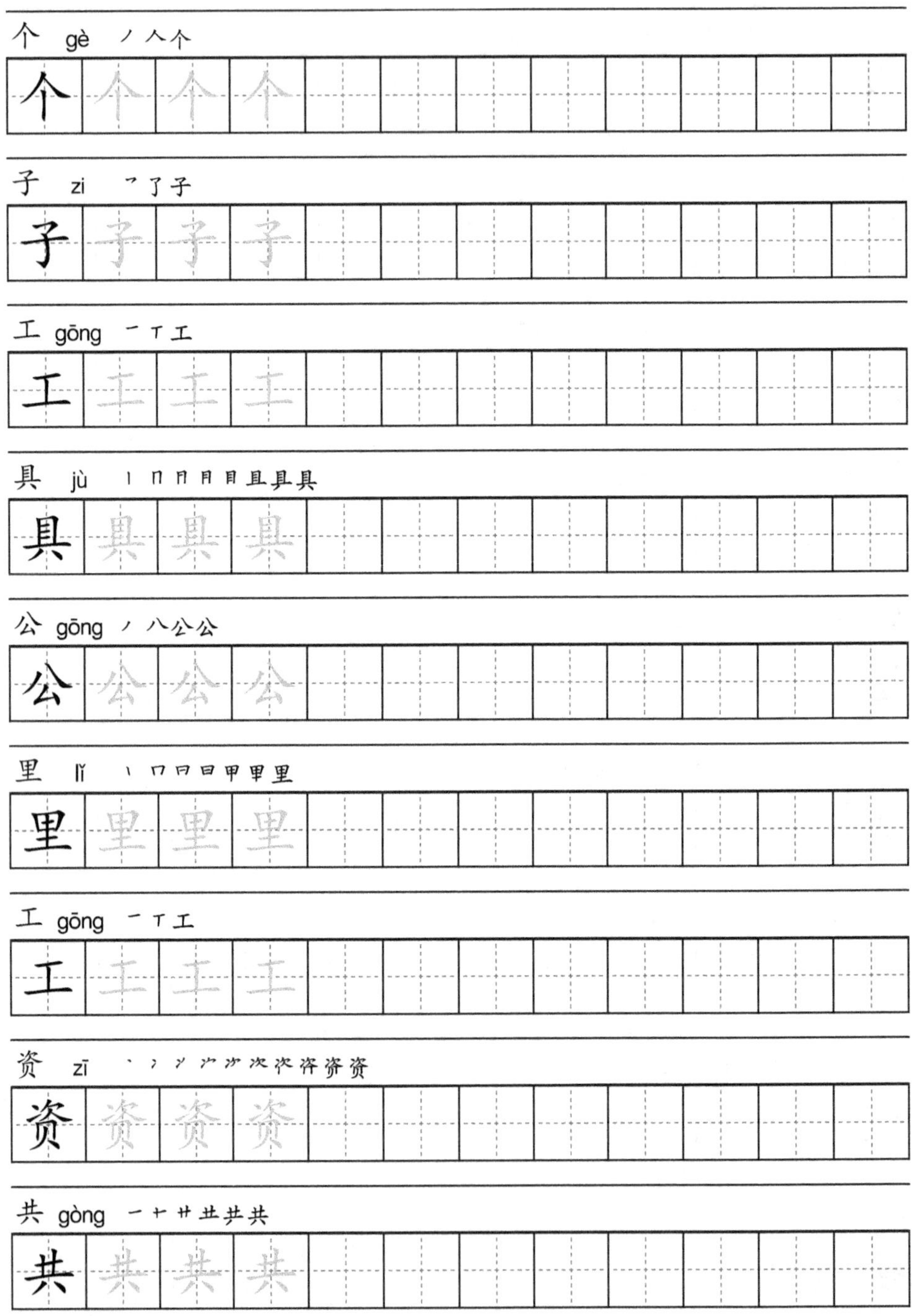

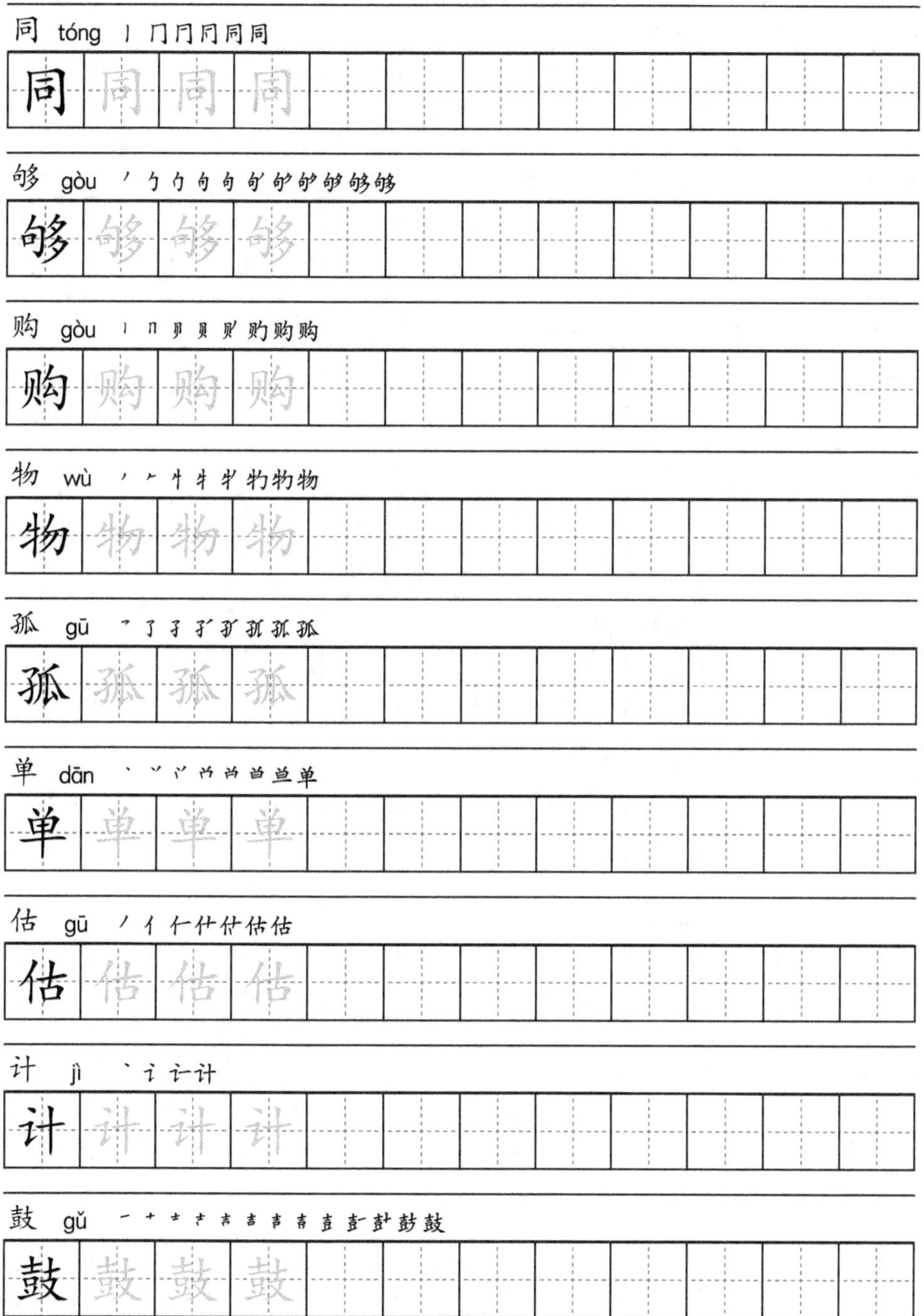

同 tóng 丨 冂 冂 冂 同 同
同 同 同 同
够 gòu 丿 勹 勺 句 句 句 句 够 够 够
够 够 够 够
购 gòu 丨 冂 贝 贝 贝 贝 购 购
购 购 购 购
物 wù 丿 一 牛 牛 牛 物 物
物 物 物 物
孤 gū 了 子 子 孑 孤 孤 孤
孤 孤 孤 孤
单 dān 丶 丷 丷 甶 甶 单 单 单
单 单 单 单
估 gū 丿 亻 什 什 估 估
估 估 估 估
计 jì 丶 讠 计 计
计 计 计 计
鼓 gǔ 一 十 士 吉 吉 壴 壴 壴 壴 鼓 鼓
鼓 鼓 鼓 鼓

励 lì ｜ 一 厂 厉 厉 励 励

鼓 gǔ 一 十 古 吉 吉 吉 壴 壴 彭 鼓

掌 zhǎng ｜ ｜ ｜ ｜ ｜ ｜ 쑤 学 学 堂 堂 掌

顾 gù 一 厂 历 历 励 励 顾 顾 顾

客 kè 丶 宀 宀 宀 宀 客 客 客 客

故 gù 一 十 古 古 古 古 故 故 故

意 yì 丶 一 亠 立 立 产 音 音 音 意 意 意

挂 guà 一 扌 扌 扌 护 护 挂 挂 挂

关 guān 丶 丷 兰 兰 关 关

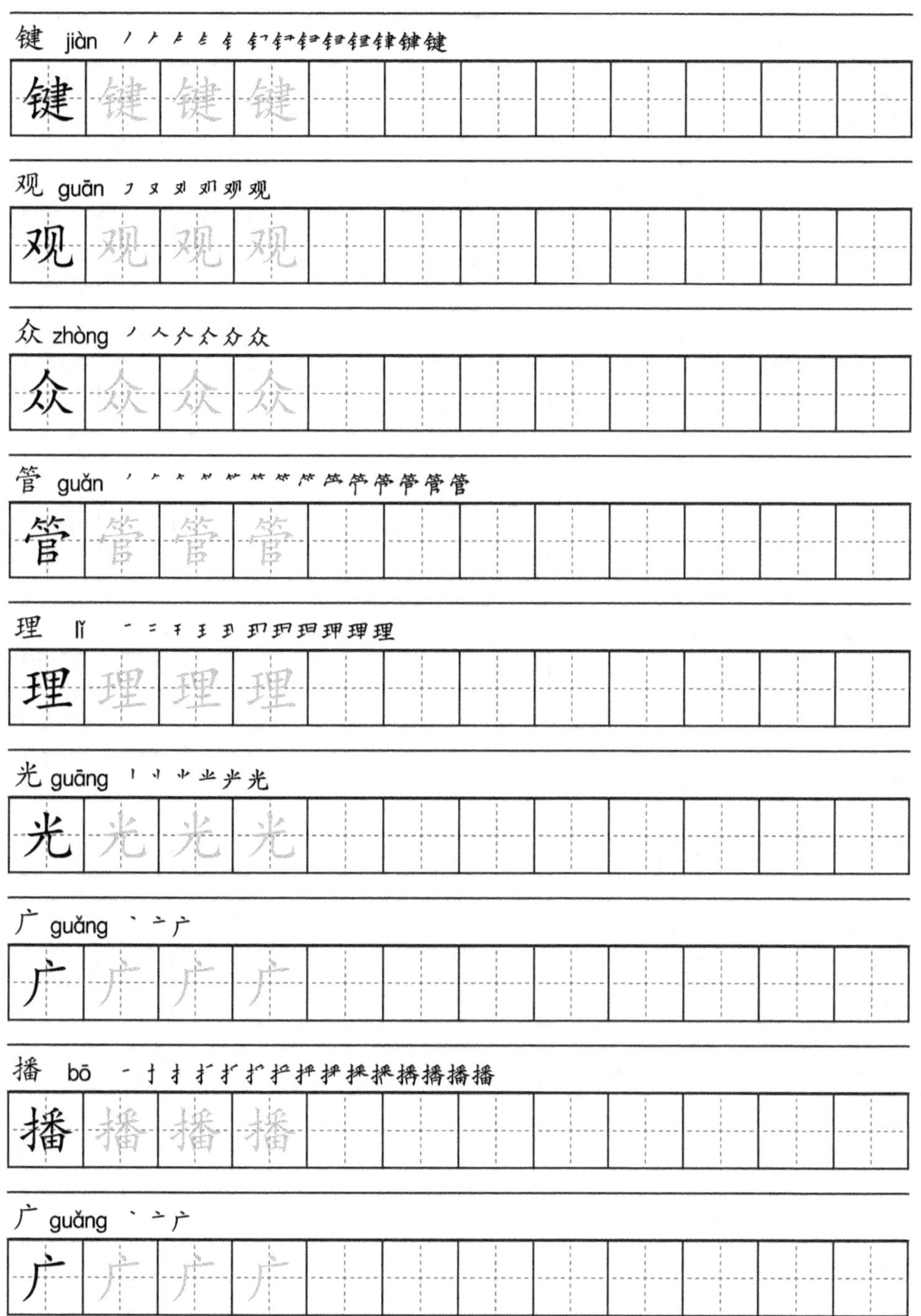

键 jiàn
键 键 键 键
观 guān
观 观 观 观
众 zhòng
众 众 众 众
管 guǎn
管 管 管 管
理
理 理 理 理
光 guāng
光 光 光 光
广 guǎng
广 广 广 广
播 bō
播 播 播 播
广 guǎng
广 广 广 广

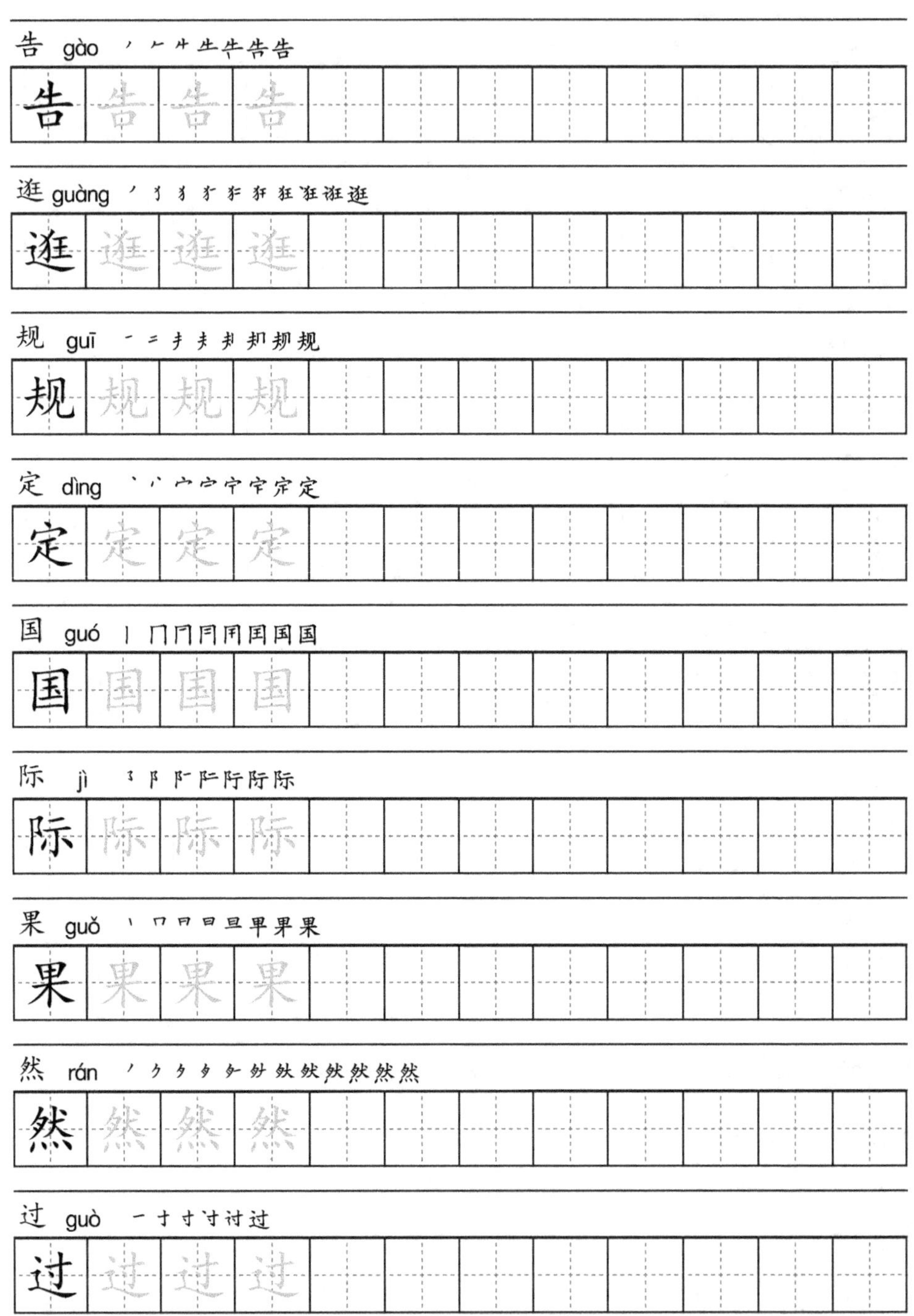

告 gào ′ ⺧ 生 生 生 告 告
逛 guàng ′ ⺝ ⺝ ⺝ ⺨ 狂 狂 逛 逛
规 guī 一 二 ⺹ ⺹ ⺹ 扣 扣 规 规
定 dìng ` ′ 宀 宀 宁 字 定 定
国 guó 丨 冂 冂 冃 用 囯 国 国
际 jì ′ ⻏ ⻏ ⻏ 阡 阡 际 际
果 guǒ 丨 冂 囗 日 旦 甲 果 果
然 rán ′ ⺈ 夕 夕 夕 外 然 然 然 然 然
过 guò 一 寸 寸 寸 讨 过

程 chéng ノ 一 千 チ 禾 禾 利 科 积 程 程 程

| 程 | 程 | 程 | 程 | | | | | | | | | |

海 hǎi 丶 丶 氵 汁 汇 浐 海 海 海 海

| 海 | 海 | 海 | 海 | | | | | | | | | |

洋 yáng 丶 丶 氵 氵 洋 泮 泮 洋 洋

| 洋 | 洋 | 洋 | 洋 | | | | | | | | | |

害 hài 丶 丷 宀 宀 宁 宝 审 害 害 害

| 害 | 害 | 害 | 害 | | | | | | | | | |

羞 xiū 丶 丷 丷 业 兰 羊 羞 羞 羞 羞

| 羞 | 羞 | 羞 | 羞 | | | | | | | | | |

寒 hán 丶 丷 宀 宀 宁 宇 审 宝 塞 寒 寒 寒

| 寒 | 寒 | 寒 | 寒 | | | | | | | | | |

假 jià ノ イ 亻 亻 亻 仴 佣 佣 俉 假 假

| 假 | 假 | 假 | 假 | | | | | | | | | |

汗 hàn 丶 丶 氵 汇 汗 汗

| 汗 | 汗 | 汗 | 汗 | | | | | | | | | |

航 háng ノ 丿 丬 月 月 舟 舟 舟 舫 航

| 航 | 航 | 航 | 航 | | | | | | | | | |

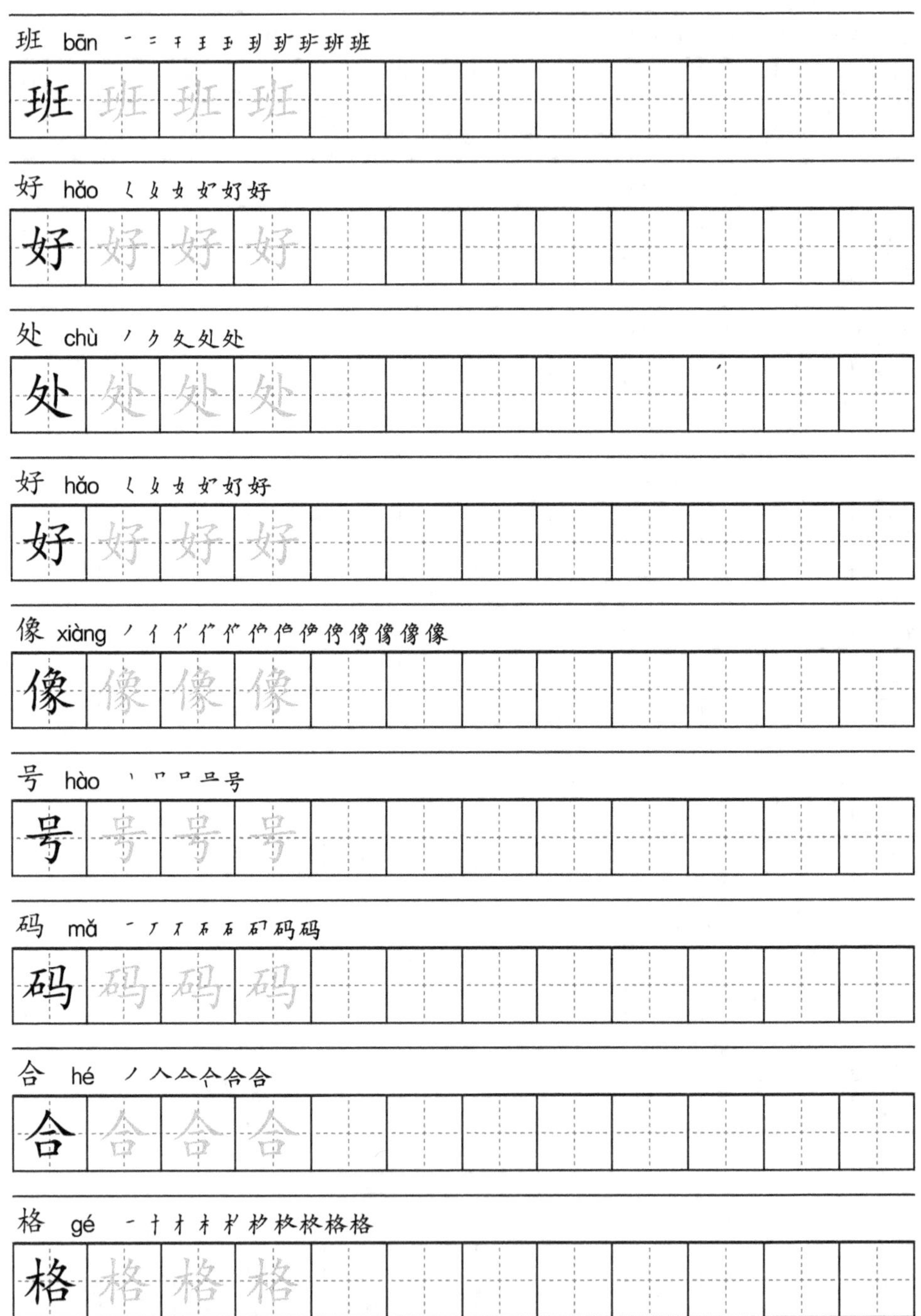

班 bān 一 二 千 王 玉 玐 玡 玨 班 班

好 hǎo ㄑ 女 女 女 奵 好 好

处 chù ノ ㄆ 夂 処 处

好 hǎo ㄑ 女 女 女 奵 好 好

像 xiàng ノ 亻 亻 伫 伫 伫 伊 伊 偧 偧 像 像

号 hào 丶 ㄇ 口 吕 号

码 mǎ 一 ㄗ 石 石 石 码 码

合 hé ノ 人 △ 仝 合 合

格 gé 一 十 才 木 木 朾 杦 柊 格 格

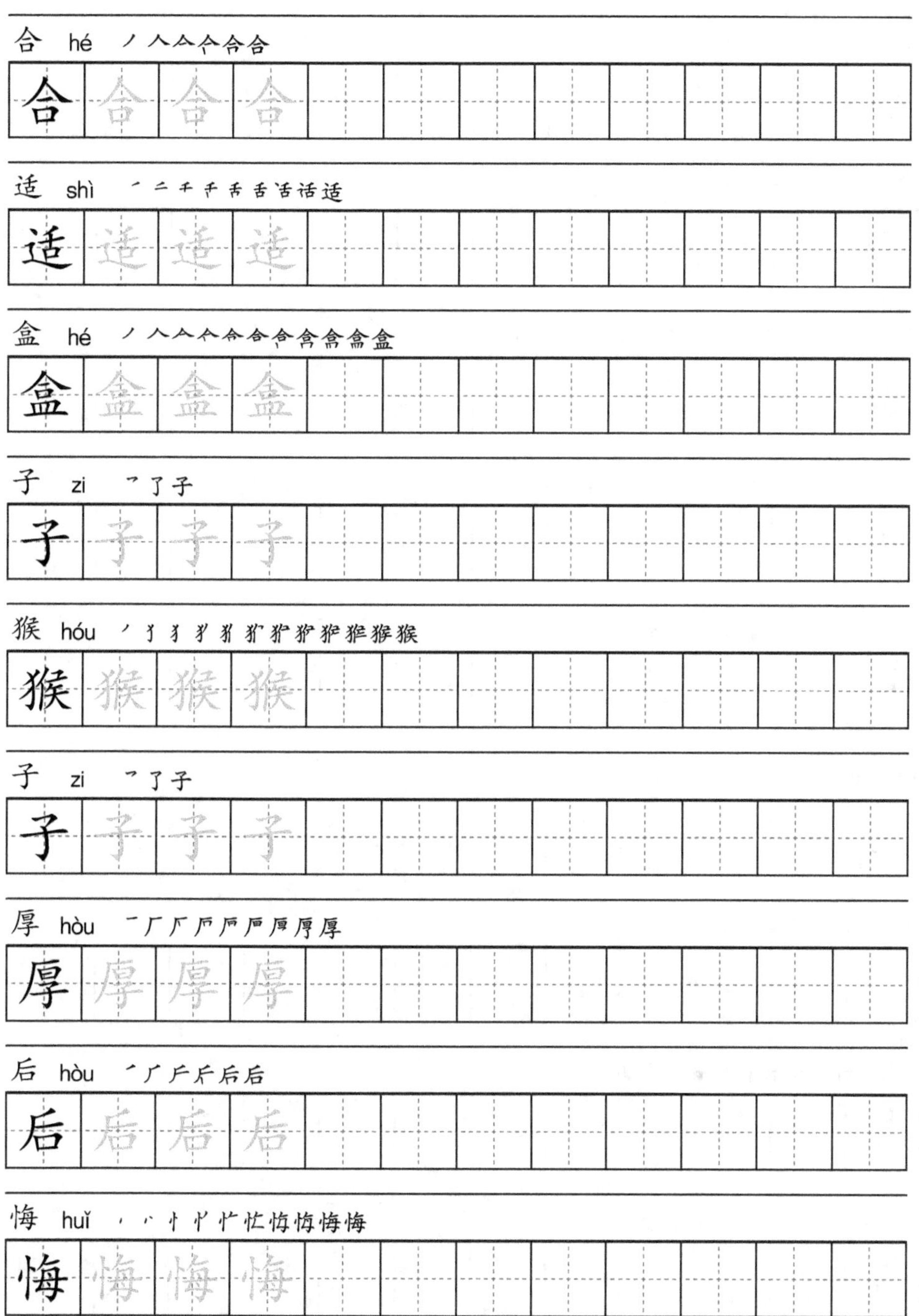

合 hé ノ 人 合 合 合 合

适 shì 一 二 千 千 舌 舌 活 话 适

盒 hé ノ 人 人 人 合 合 含 含 盒 盒 盒

子 zi 乛 了 子

猴 hóu ノ 了 犭 犭 犭 犷 犷 犷 犷 猴 猴 猴

子 zi 乛 了 子

厚 hòu 一 厂 厂 厂 厚 厚 厚 厚 厚

后 hòu 一 厂 厂 斤 后 后

悔 huǐ 丶 丶 忄 忄 忄 忙 悔 悔 悔 悔

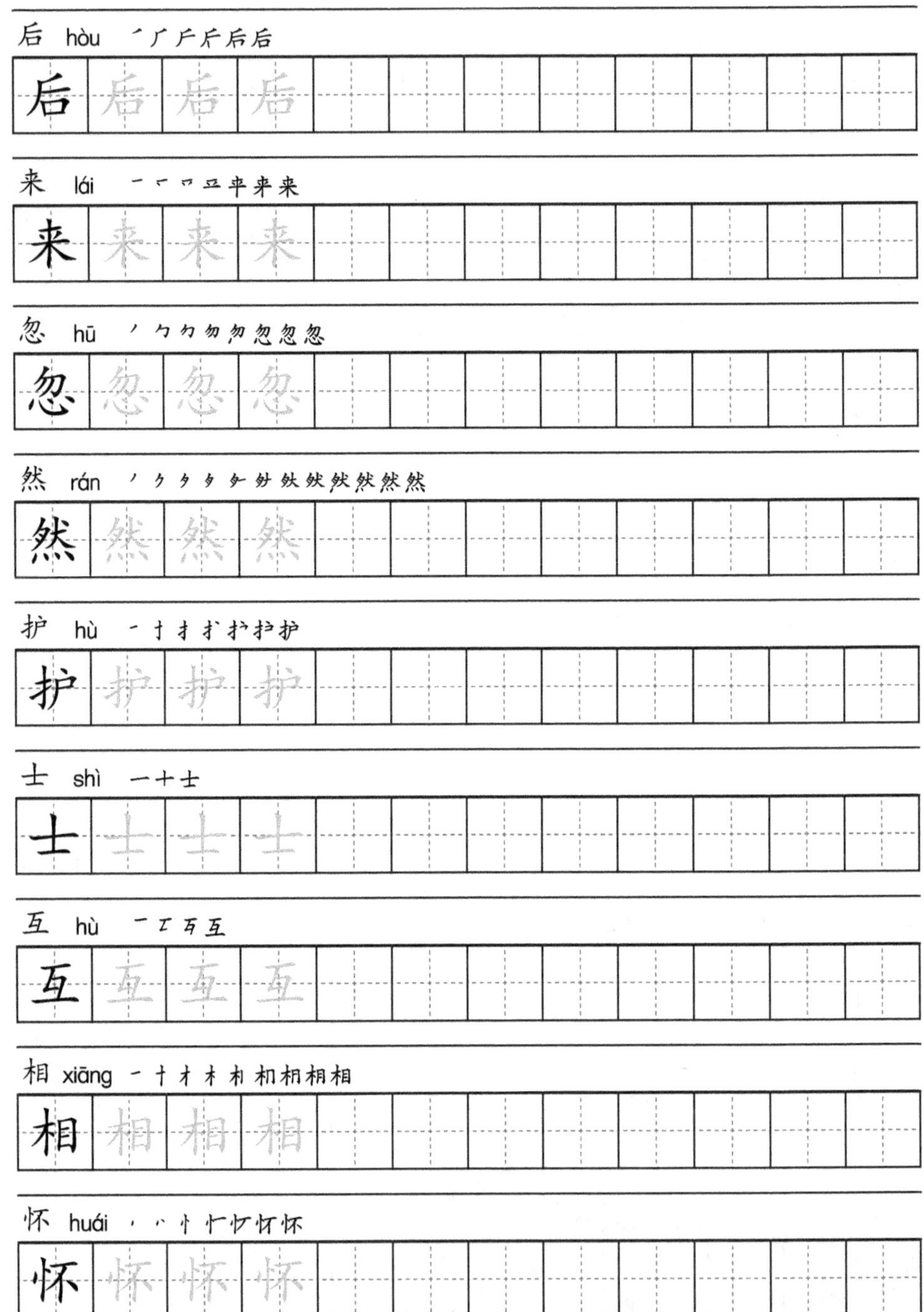

后 hòu ノ 厂 厂 斤 后 后

来 lái 一 ㇆ 口 平 来 来

忽 hū ノ ⺈ 勺 勿 勿 忽 忽 忽

然 rán ノ ⺈ タ タ 夕 夗 狄 烋 烋 然 然 然

护 hù 一 扌 扌 扩 护 护

士 shì 一 十 士

互 hù 一 エ 互 互

相 xiāng 一 十 才 木 札 机 枂 相 相

怀 huái ㇀ 丷 忄 忖 忙 忭 怀

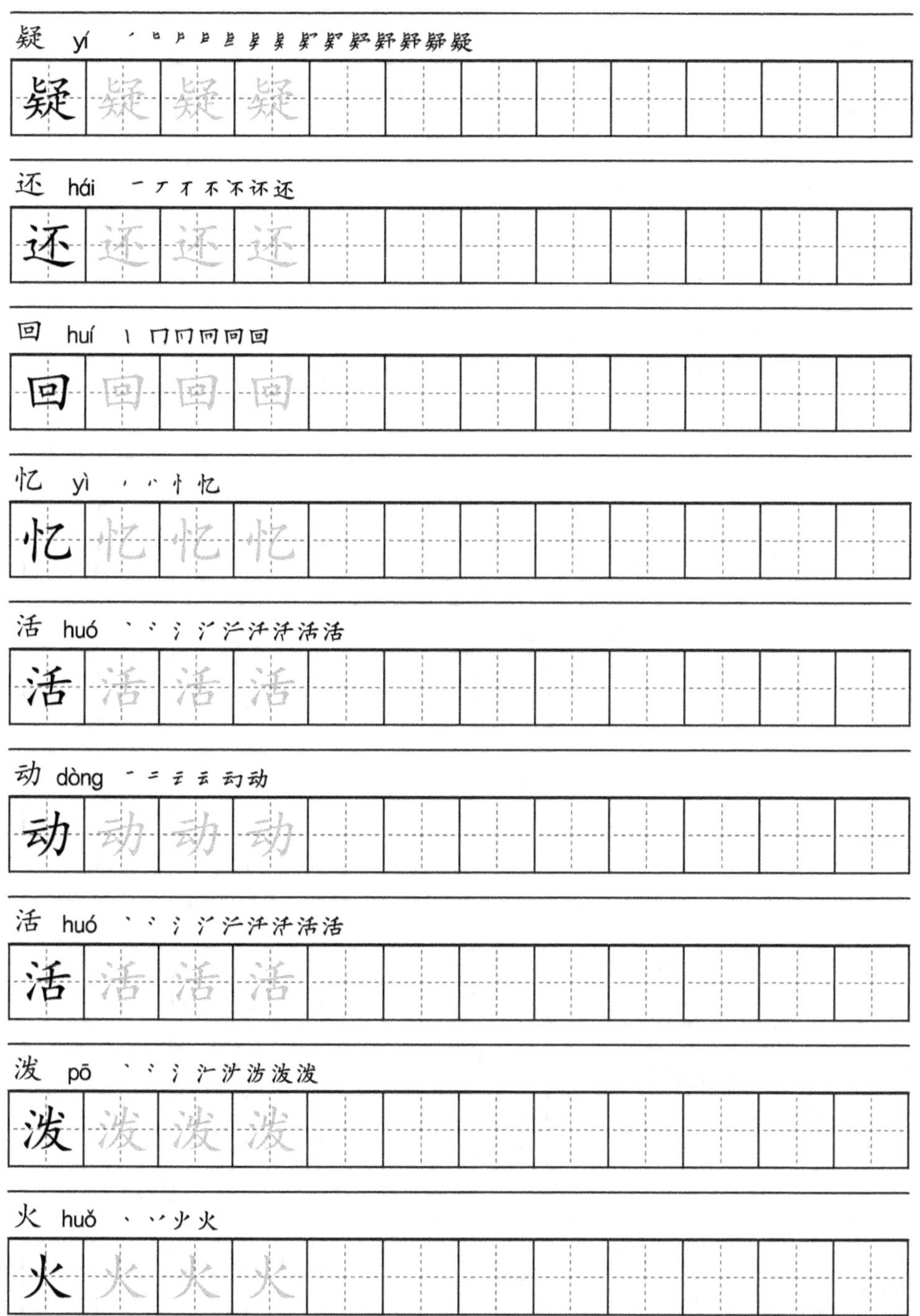

疑 yí ＼ ⺆ ⺒ ⻏ ⺒ 㠯 㠯 矣 矣 疑 疑 疑 疑
疑 疑 疑 疑
还 hái 一 丆 不 不 还 还
还 还 还 还
回 huí 丨 冂 冂 回 回 回
回 回 回 回
忆 yì 丶 ⺗ 忄 忆
忆 忆 忆 忆
活 huó 丶 丶 氵 汗 汗 汗 活 活
活 活 活 活
动 dòng 一 二 云 云 动 动
动 动 动 动
活 huó 丶 丶 氵 汗 汗 汗 活 活
活 活 活 活
泼 pō 丶 丶 氵 泼 泼 泼 泼 泼
泼 泼 泼 泼
火 huǒ 丶 丶 火 火
火 火 火 火

获 huò　一 十 艹 艹 芥 荻 荻 荻 获 获

得 dé　ノ ク ク イ 彳 彳 犭 得 得 得 得

基 jī　一 十 艹 甘 甘 其 其 其 其 基 基

础 chǔ　一 ナ 不 石 石 矶 矶 础 础 础

激 jī　丶 丶 氵 氵 氵 沪 沪 泊 泊 淈 漖 漖 激 激 激

动 dòng　一 二 云 云 动 动

积 jī　ノ 二 千 千 禾 禾 利 和 积 积

极 jí　一 十 才 木 朸 极 极

积 jī　ノ 二 千 千 禾 禾 利 和 积 积

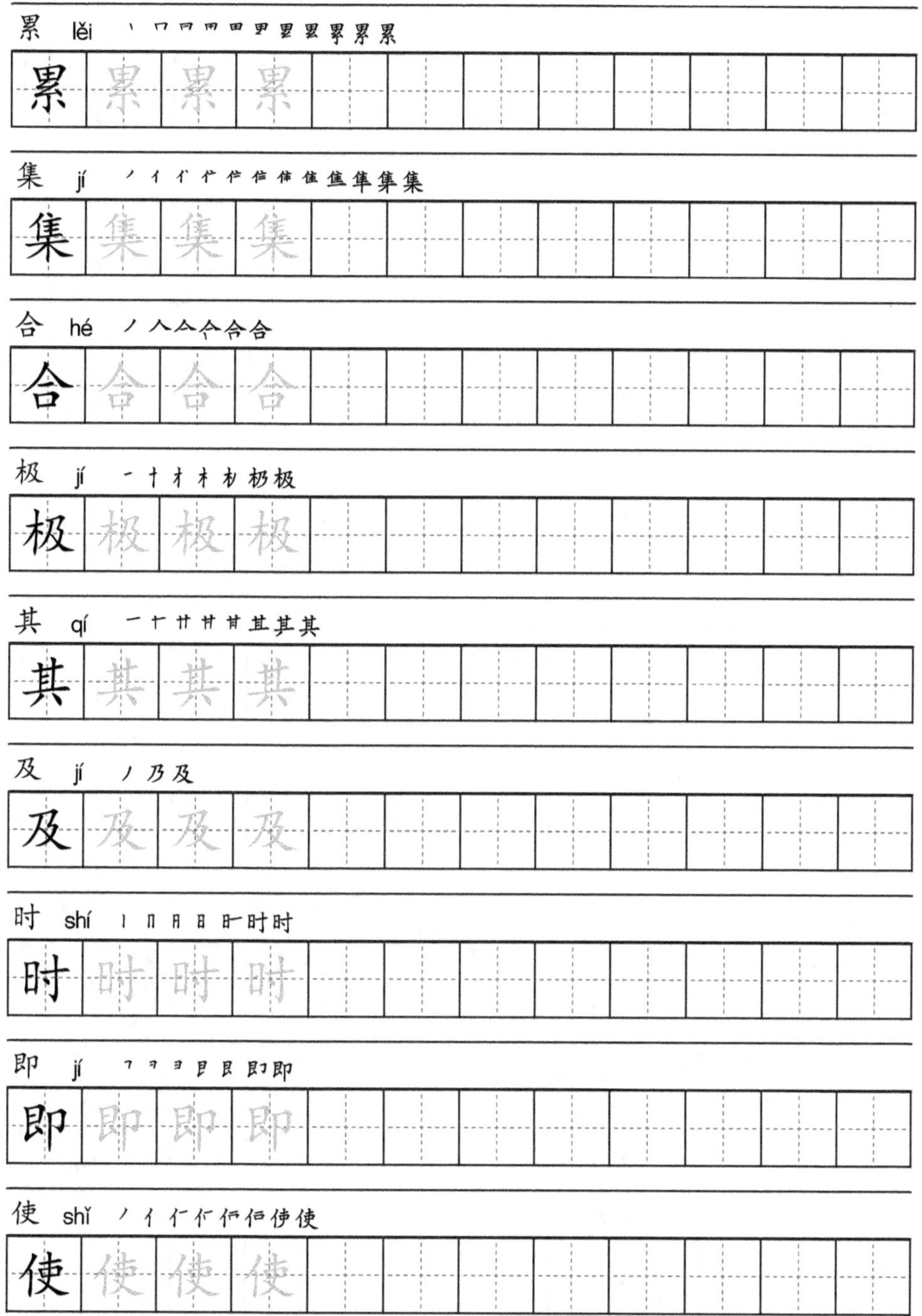

累 lěi 丶口口田田甲甼甼累累累
累 累 累 累
集 jí 丿亻亻亻仹佔隹隹隹集集
集 集 集 集
合 hé 丿人人合合合
合 合 合 合
极 jí 一十才木朾极极
极 极 极 极
其 qí 一十艹艹甘其其其
其 其 其 其
及 jí 丿乃及
及 及 及 及
时 shí 丨冂日日旷时时
时 时 时 时
即 jí 丿彐彐艮即即
即 即 即 即
使 shǐ 丿亻亻仴仴佔使使
使 使 使 使

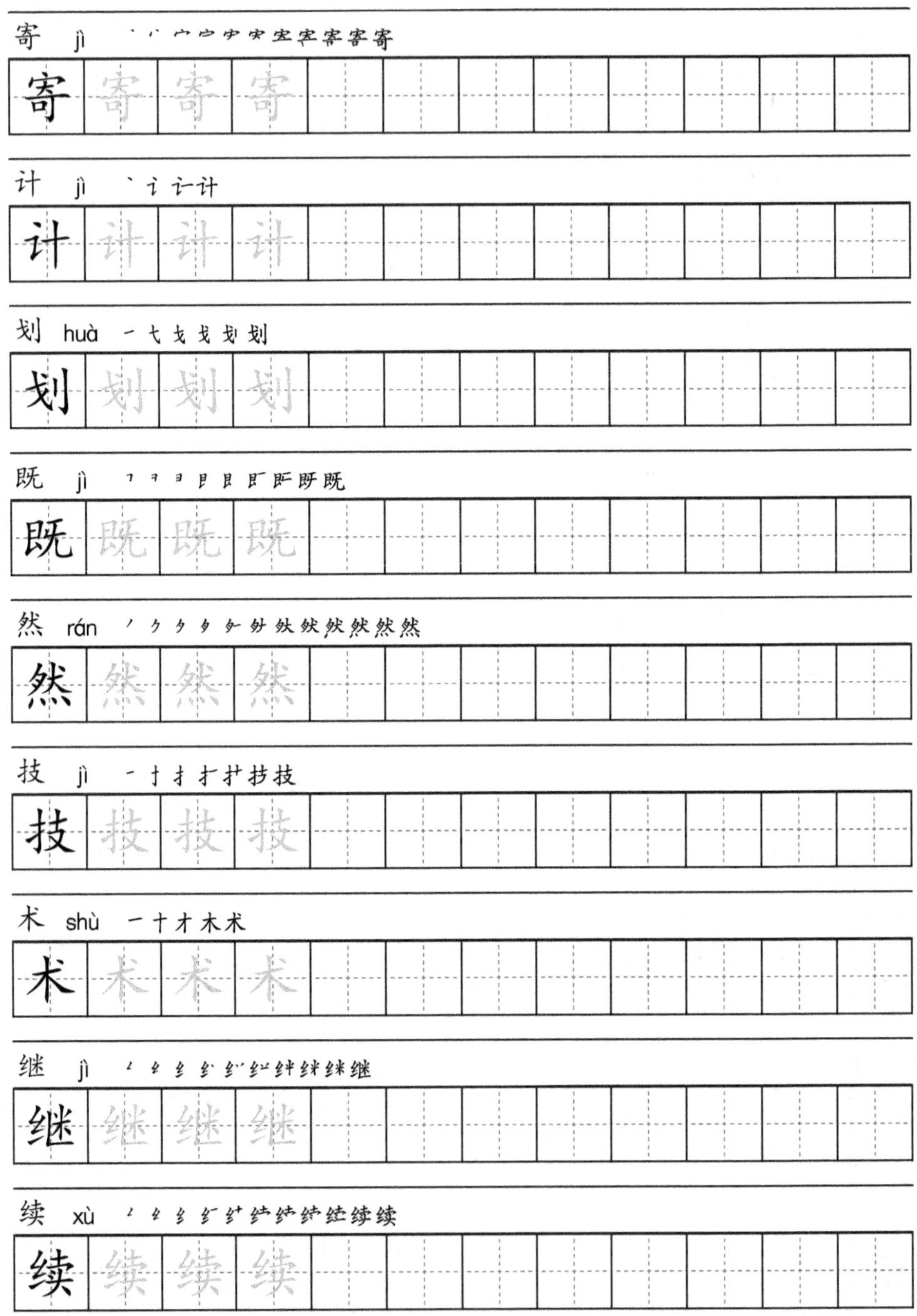

寄 jì 寄 寄 寄 寄
计 jì 计 计 计 计
划 huà 划 划 划 划
既 jì 既 既 既 既
然 rán 然 然 然 然
技 jì 技 技 技 技
术 shù 术 术 术 术
继 jì 继 继 继 继
续 xù 续 续 续 续

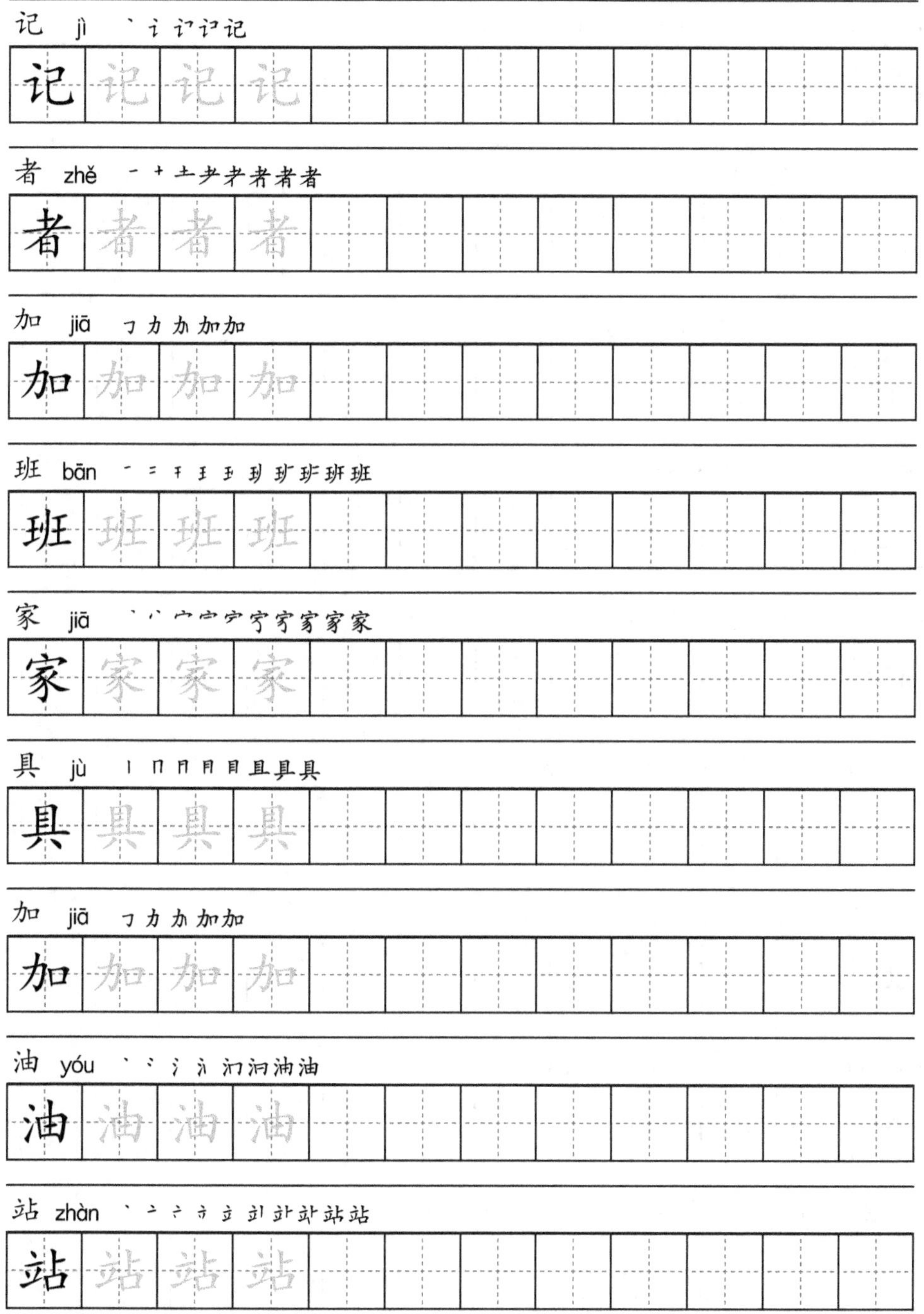

记 jì ` 讠 记 记 记
记 记 记 记

者 zhě 一 十 土 耂 者 者 者
者 者 者 者

加 jiā フ カ 加 加 加
加 加 加 加

班 bān 一 二 干 王 玉 玬 玨 班 班
班 班 班 班

家 jiā ` 丷 宀 宀 宇 宇 宇 家 家 家
家 家 家 家

具 jù 丨 冂 冃 月 目 且 具 具
具 具 具 具

加 jiā フ カ 加 加 加
加 加 加 加

油 yóu ` ` 氵 氵 汩 油 油 油
油 油 油 油

站 zhàn ` 二 六 立 刬 北 站 站 站
站 站 站 站

假 jiǎ ノ亻亻亻亻仔仔仔假假
价 jià ノ亻亻价价价
格 gé 一十オ木术杉杦柊格格
坚 jiān 丶丨丨収坚坚坚
持 chí 一十才扌扩拃拌持持
减 jiǎn 丶丶冫冫冴冴减减减减
肥 féi 丿冂月月肌肌肥肥
减 jiǎn 丶丶冫冫冴冴减减减减
少 shào 丨丨小少

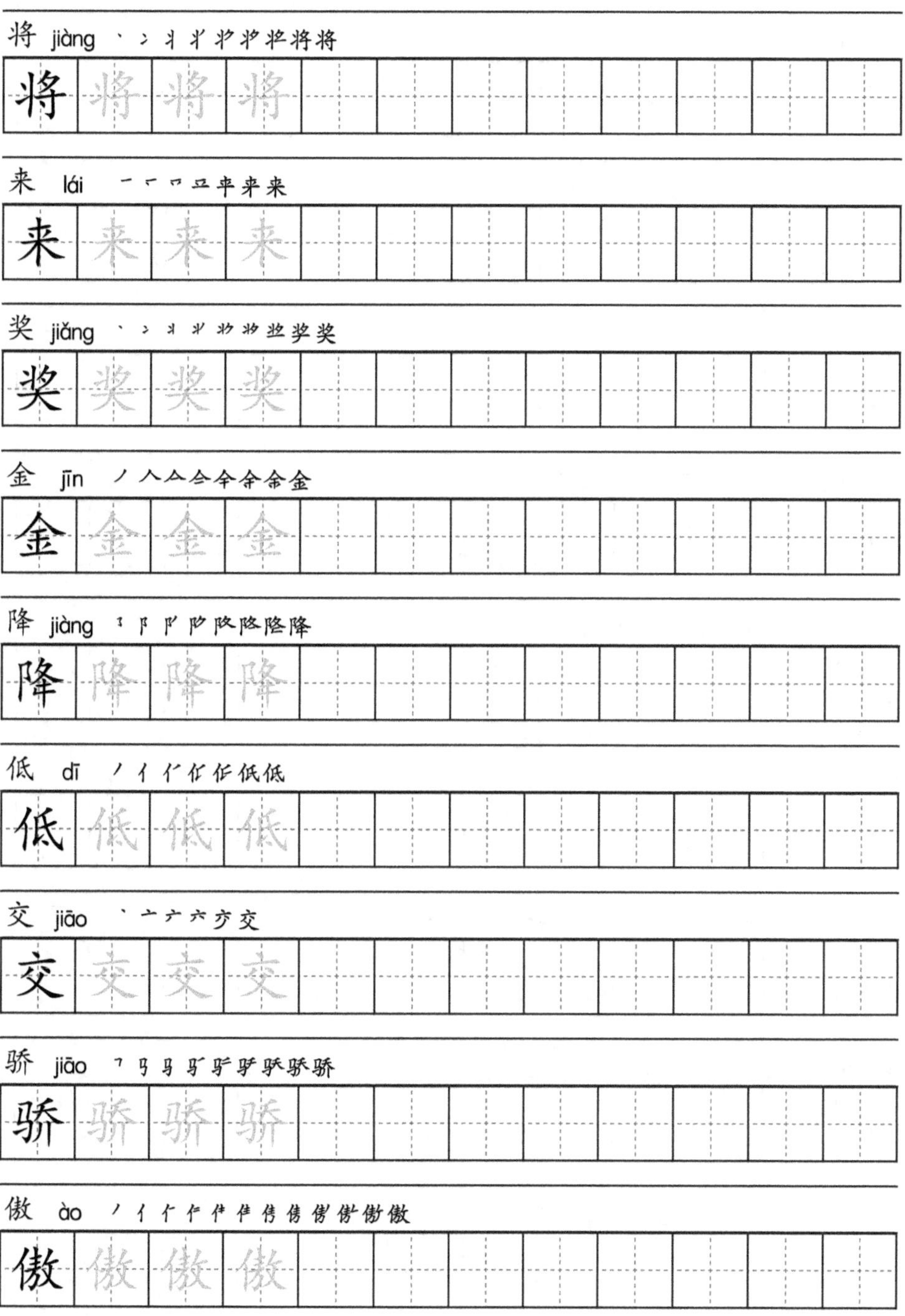

将 jiàng	丶 丷 丬 爿 爿 挦 挦 将 将
来 lái	一 ㄱ 卫 平 平 来 来
奖 jiǎng	丶 丷 丬 爿 쌍 쌍 쌍 쌍 奖 奖
金 jīn	丿 人 스 스 仐 仐 仐 仐 金
降 jiàng	乛 阝 阝 阝 阶 除 降 降 降
低 dī	丿 亻 亻 亻 任 任 低 低
交 jiāo	丶 一 亠 六 亣 交
骄 jiāo	乛 马 马 马 驴 驴 驴 骄 骄
傲 ào	丿 亻 亻 亻 侼 侼 侼 侼 侼 侼 傲 傲

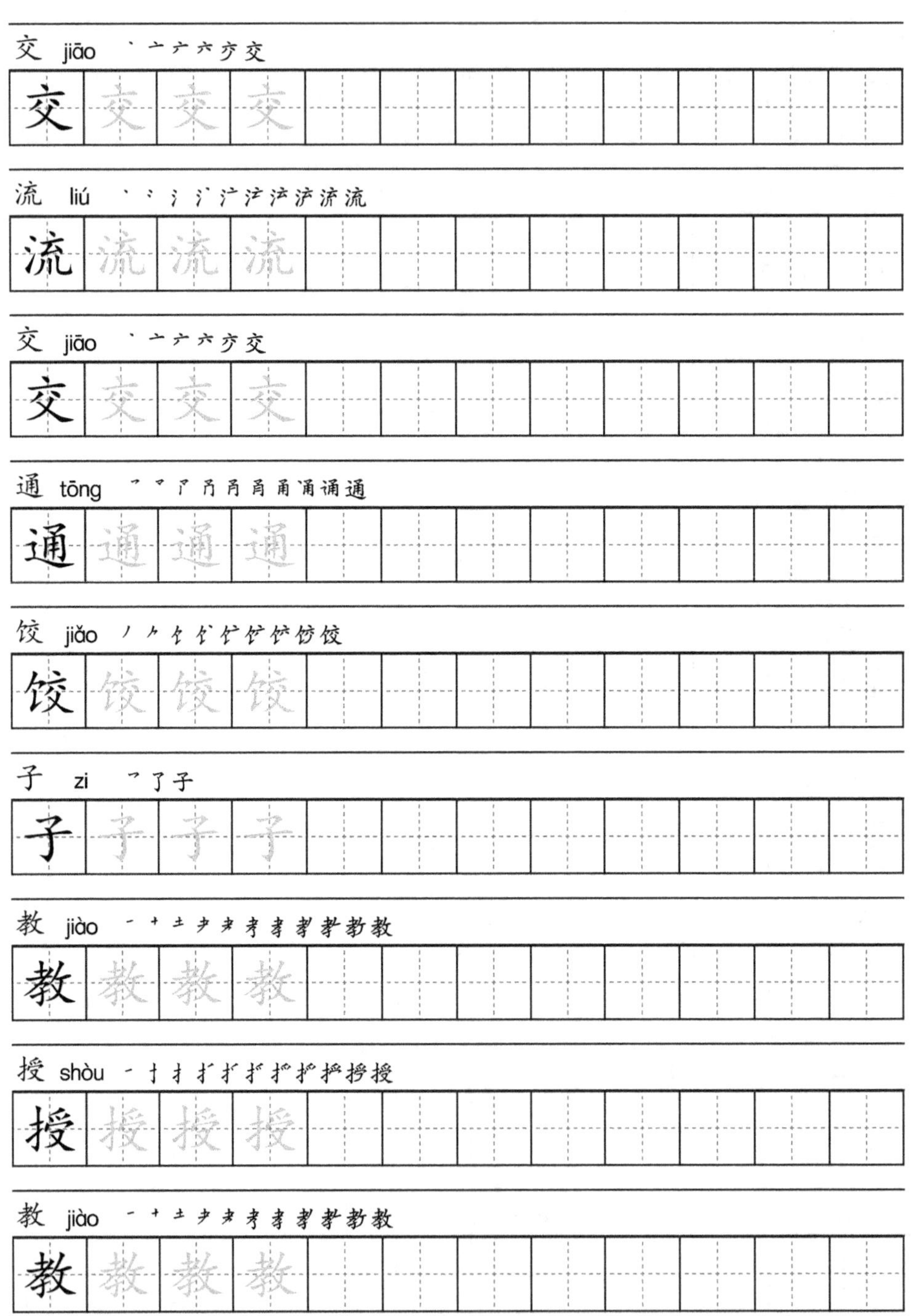

交 jiāo 丶 一 亠 六 亥 交
流 liú 丶 丶 氵 氵 汇 浐 浐 浐 流
交 jiāo 丶 一 亠 六 亥 交
通 tōng 乛 マ 冂 丙 丙 甬 甬 诵 通
饺 jiǎo 丿 夕 饣 饣 饣 饺 饺 饺 饺
子 zi 乛 了 子
教 jiào 一 十 土 尹 耂 孝 孝 教 教 教
授 shòu 一 十 扌 扩 扩 护 护 捋 授 授
教 jiào 一 十 土 尹 耂 孝 孝 教 教 教

育　yù　 `亠云产育育育

| 育 | 育 | 育 | 育 | | | | | | | | |

接　jiē　一十扌扩扩护护按接接

| 接 | 接 | 接 | 接 | | | | | | | | |

受　shòu　 ゛ ゛ ゛ 爫 严 受 受

| 受 | 受 | 受 | 受 | | | | | | | | |

节　jié　一艹芍节

| 节 | 节 | 节 | 节 | | | | | | | | |

约　yuē　乡乡纟约约

| 约 | 约 | 约 | 约 | | | | | | | | |

解　jiě　゛ 勹 甪 角 角 角 舴 舮 解 解 解 解

| 解 | 解 | 解 | 解 | | | | | | | | |

释　shì　 ゛ 勹 爫 立 平 采 采 釆 釈 释 释 释

| 释 | 释 | 释 | 释 | | | | | | | | |

尽　jǐn　゛ 尸 尺 尽 尽

| 尽 | 尽 | 尽 | 尽 | | | | | | | | |

管　guǎn　゛ ゛ ゛ ゛ ゛ 竹 竹 管 管 管 管 管 管 管

| 管 | 管 | 管 | 管 | | | | | | | | |

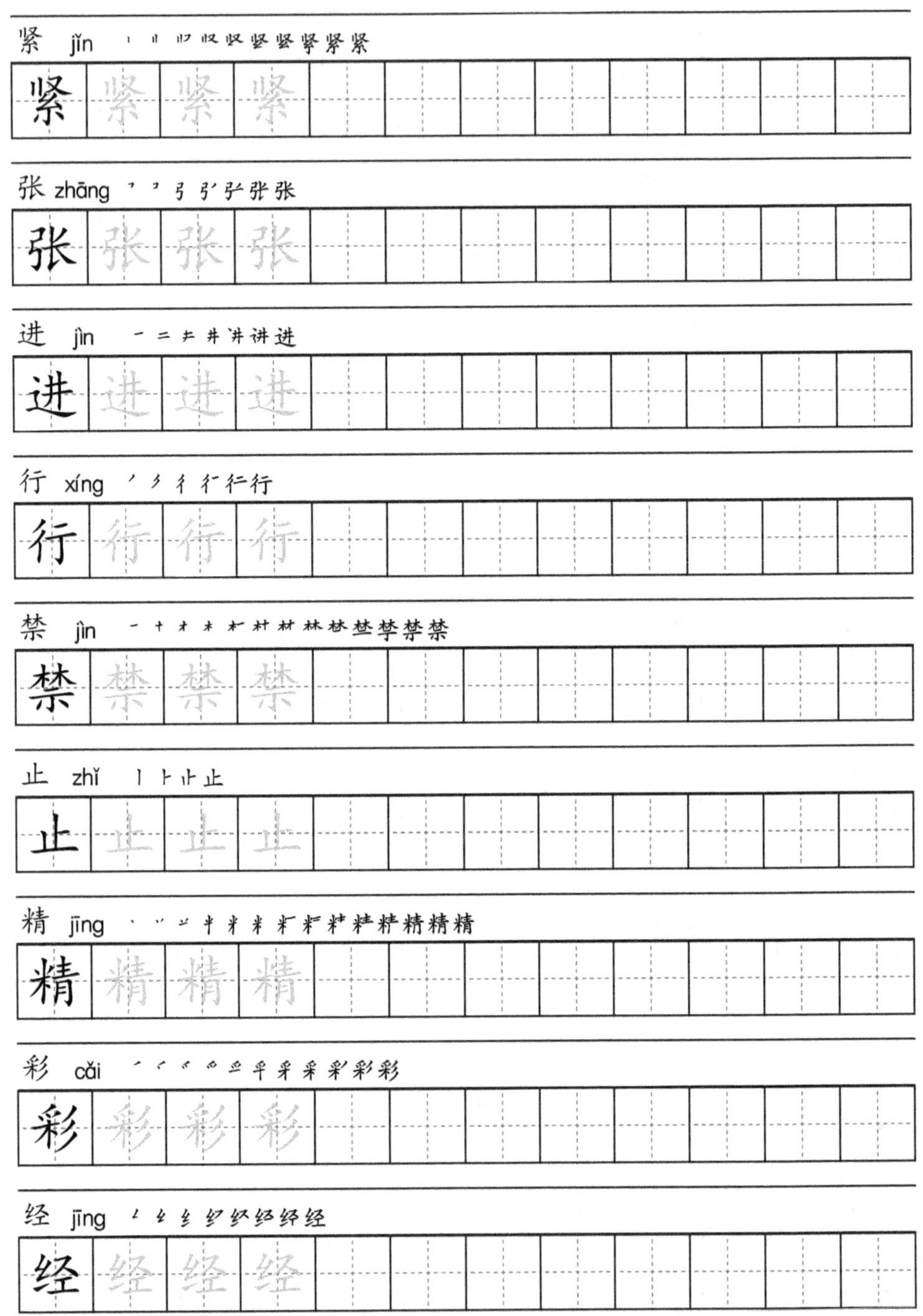

紧 jǐn
紧 紧 紧

张 zhāng
张 张 张

进 jìn
进 进 进

行 xíng
行 行 行

禁 jìn
禁 禁 禁

止 zhǐ
止 止 止

精 jīng
精 精 精

彩 cǎi
彩 彩 彩

经 jīng
经 经 经

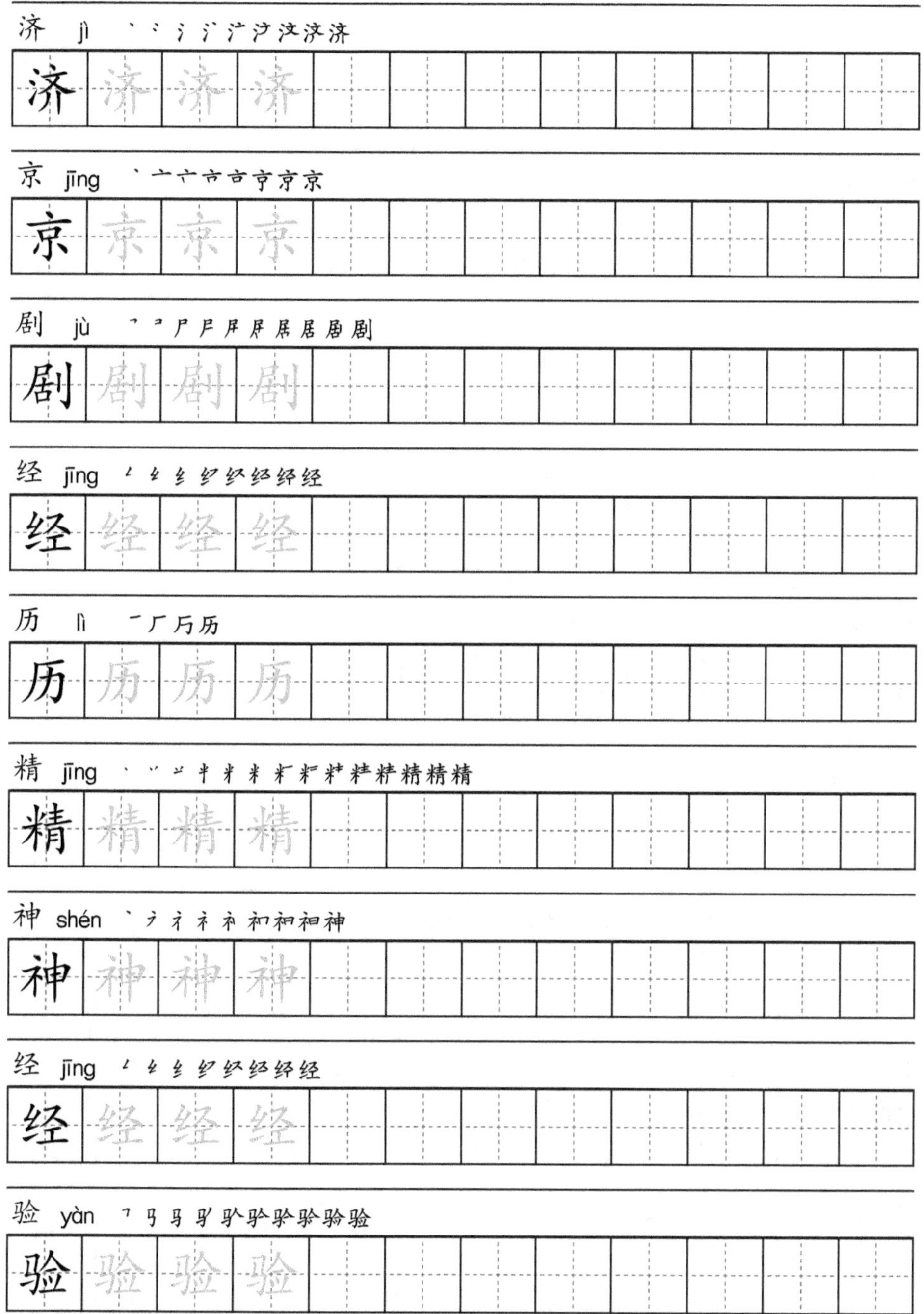

济 jǐ 、、氵氵氵沪沪汶济济
济 济 济 济

京 jīng 、一亠亠亭京京京
京 京 京 京

剧 jù ㄱ コ尸尸屈屈居居剧
剧 剧 剧 剧

经 jīng 乚乚纟纟纴绍经绍经
经 经 经 经

历 lì 一厂万历
历 历 历 历

精 jīng 、、丷半半米米粘粘精精精精精
精 精 精 精

神 shén 、ㄱ丬衤衤和和神
神 神 神 神

经 jīng 乚乚纟纟纴绍经绍经
经 经 经 经

验 yàn ㄱ马马马驴验验验验验
验 验 验 验

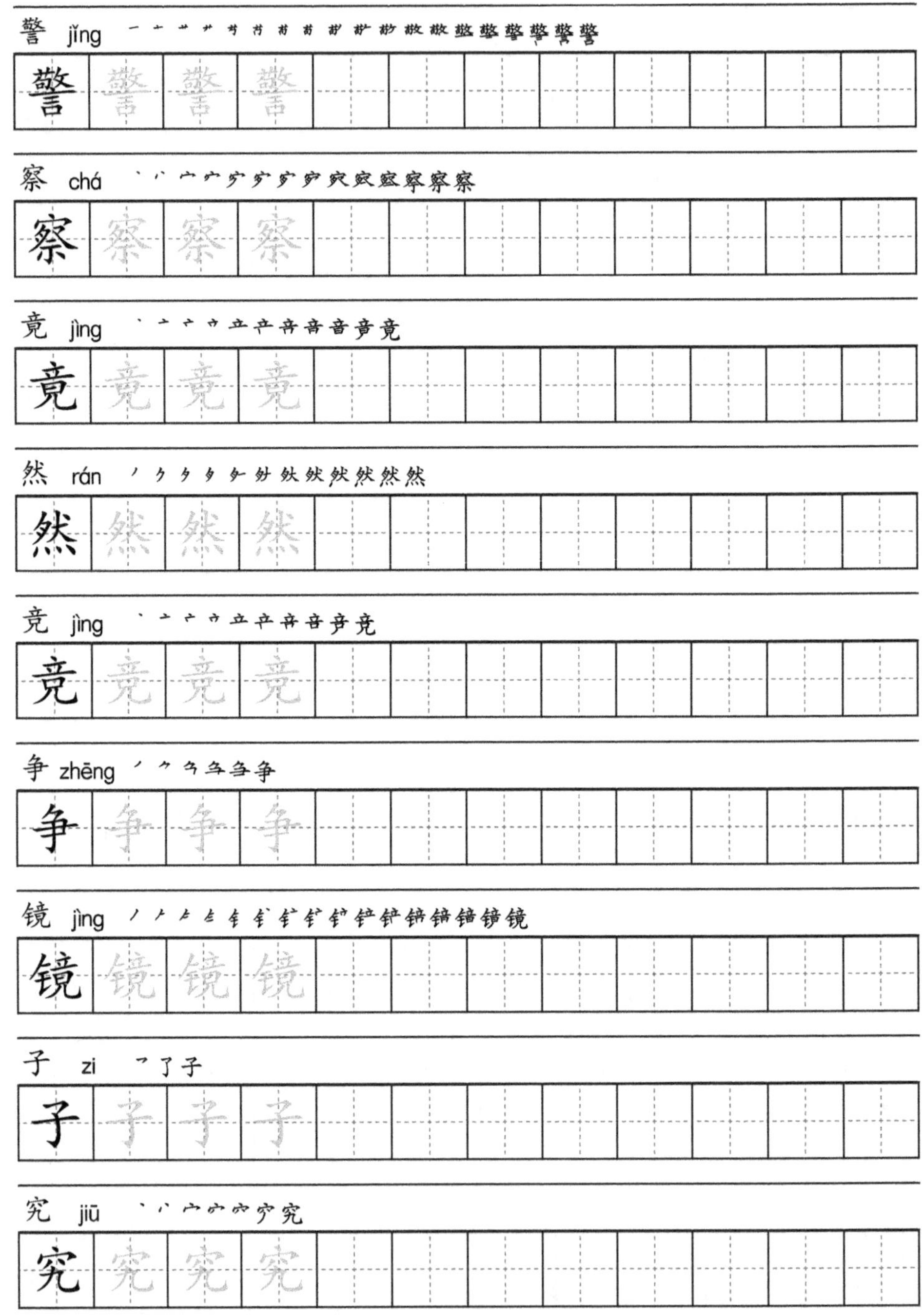

警 jǐng 一 十 艹 艹 芍 芍 苟 苟 苟 茍 敬 敬 敬 警 警 警 警 警
警
察 chá 丶 丷 宀 宀 宀 宍 宊 宧 宧 宓 察 察 察
察
竟 jìng 丶 亠 六 六 立 产 音 音 音 竟 竟
竟
然 rán 丿 夕 夕 夕 夕 外 然 然 然 然 然 然
然
竞 jìng 丶 亠 六 六 立 产 音 音 竞 竞
竞
争 zhēng 丿 夕 夕 夕 争 争
争
镜 jìng 丿 午 午 钅 钅 钌 钌 钌 铲 铲 锌 锖 锖 镜 镜
镜
子 zi 乛 了 子
子
究 jiū 丶 丷 宀 宀 宀 宂 究
究

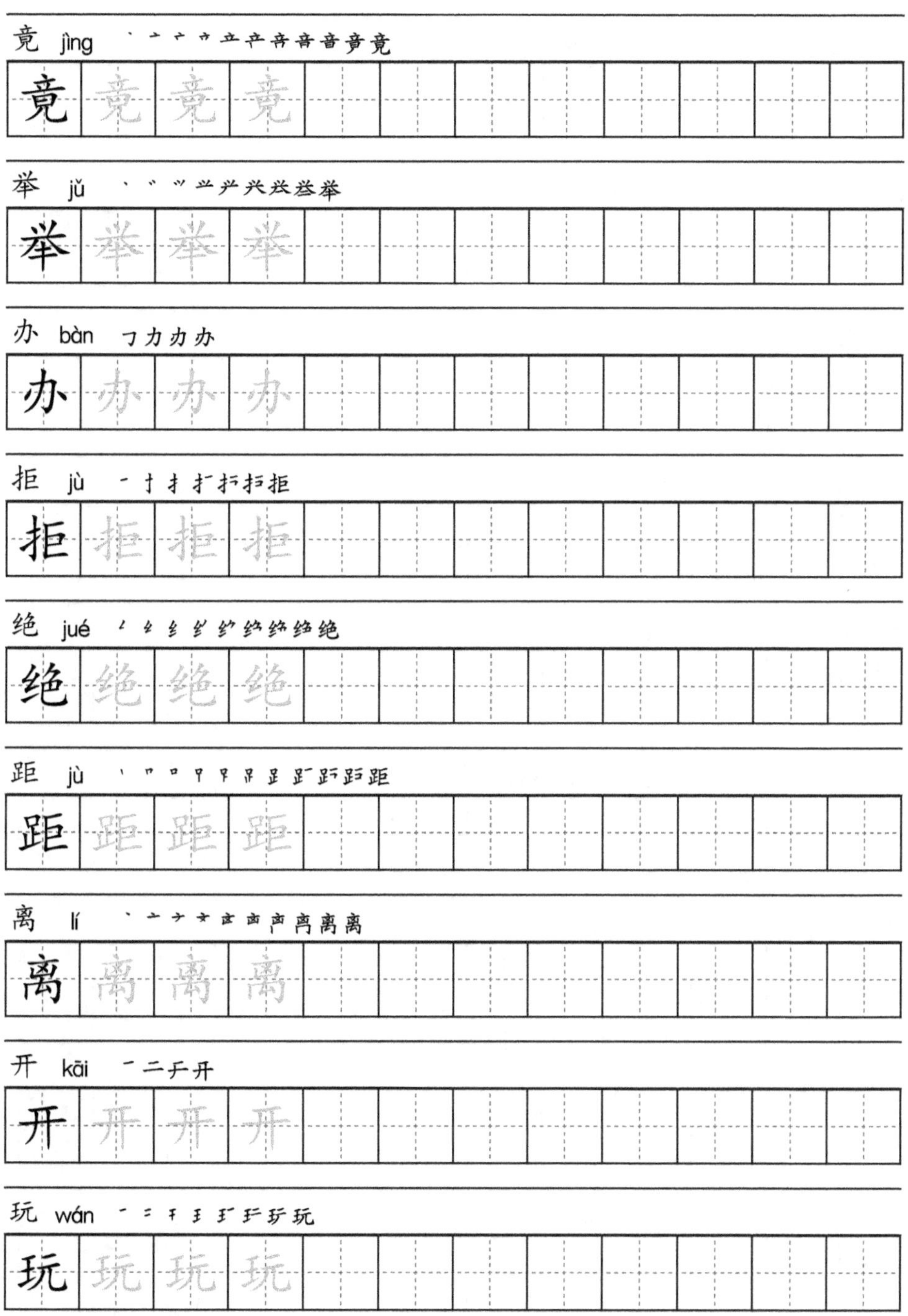

竟 jìng 　亠亠六立产产音音音竟竟
竟　竟　竟　竟

举 jǔ 　丶丷丷产兴兴誉举
举　举　举　举

办 bàn 　フカ办办
办　办　办　办

拒 jù 　一十才扩拒拒拒
拒　拒　拒　拒

绝 jué 　纟纟纟纟纩纩纩绝绝
绝　绝　绝　绝

距 jù 　丶丷口口足足足足距距距距
距　距　距　距

离 lí 　亠亠文卤卤卤离离离离
离　离　离　离

开 kāi 　一二于开
开　开　开　开

玩 wán 　一二干王王玝玩玩
玩　玩　玩　玩

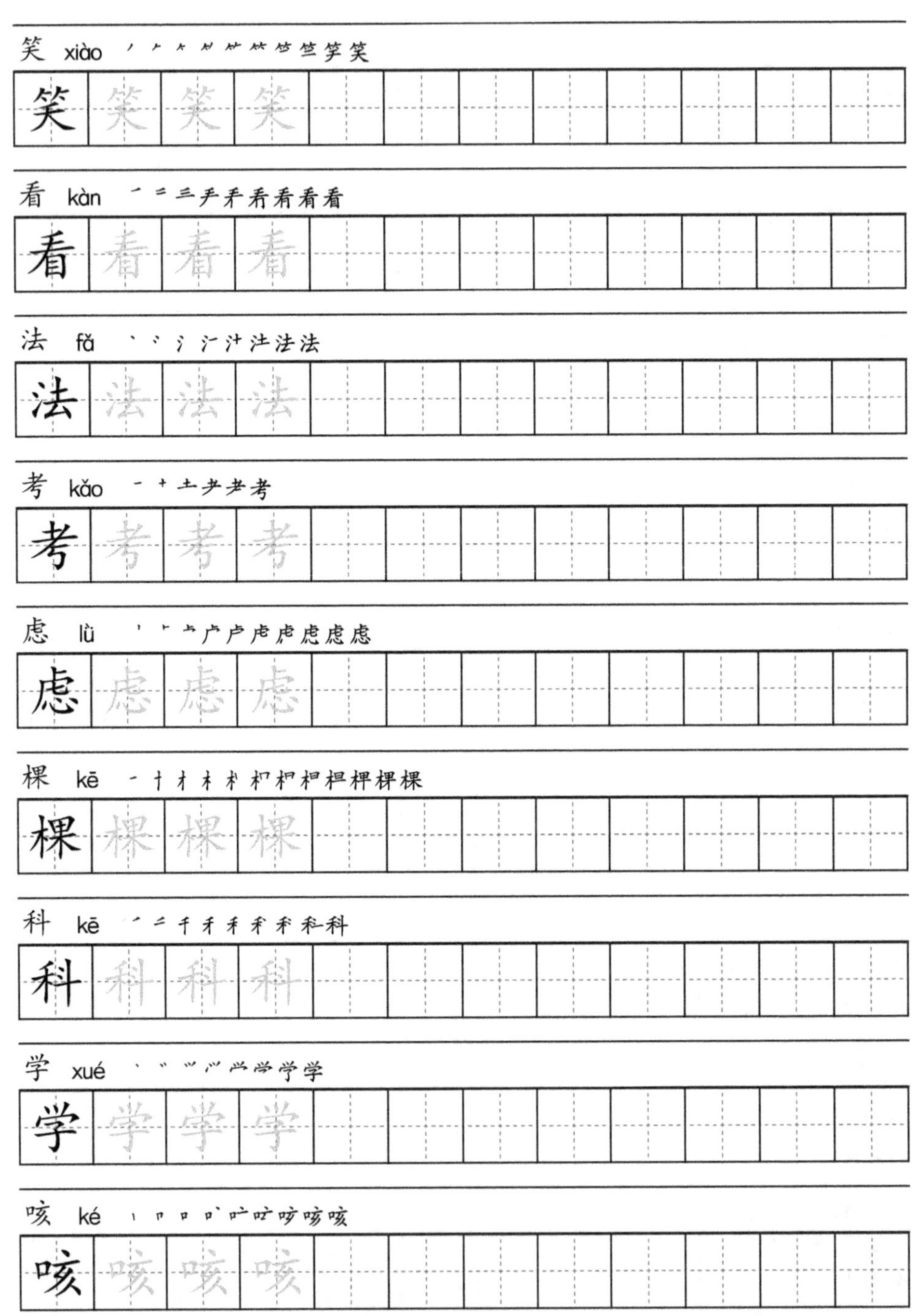

笑 xiào ノ ノ ト ッ ゲ ゲ ゲ ゲ ゲ 竺 笑 笑
看 kàn 一 二 三 手 弄 看 看 看 看
法 fǎ 丶 丶 氵 汇 汁 汪 法 法
考 kǎo 一 十 土 耂 芳 考
虑 lǜ 丶 卜 广 卢 庐 虑 虑 虑 虑
棵 kē 一 十 木 村 杆 栣 桿 棵 棵
科 kē 一 二 千 禾 禾 禾 禾 科 科
学 xué 丶 丷 丷 丷 当 学 学 学
咳 ké 丨 口 口 叮 吖 咳 咳 咳 咳

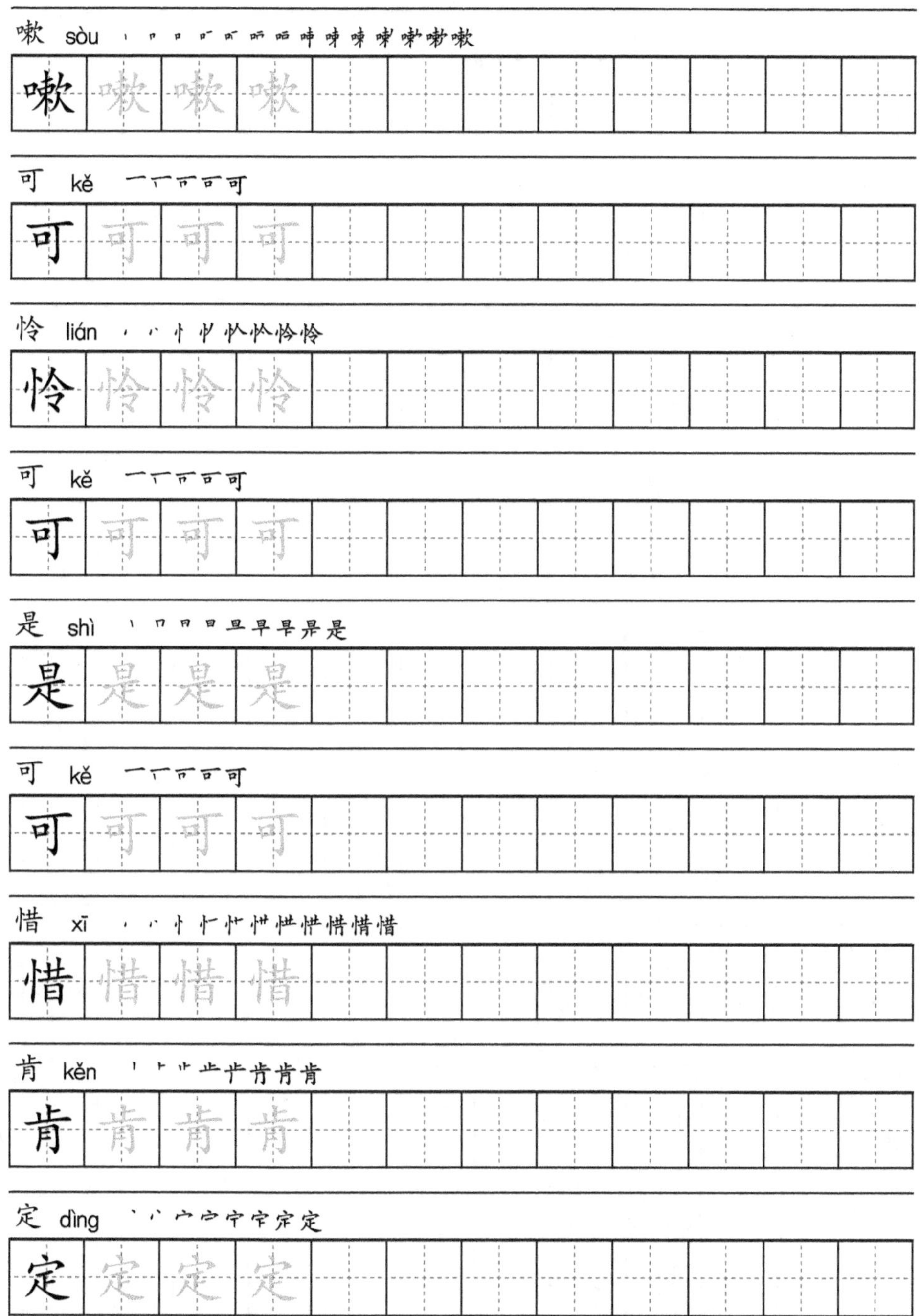

嗽 sòu 丨丨口口吖吖吶吶吶嗽嗽嗽

可 kě 一丁百口可

怜 lián 丶丷忄忄忄怜怜

可 kě 一丁百口可

是 shì 丨口日日旦早昰昰是

可 kě 一丁百口可

惜 xī 丶丷忄忄忄忄惜惜惜

肯 kěn 丨丨止止广肯肯肯

定 dìng 丶丷宀宀宁宇定定

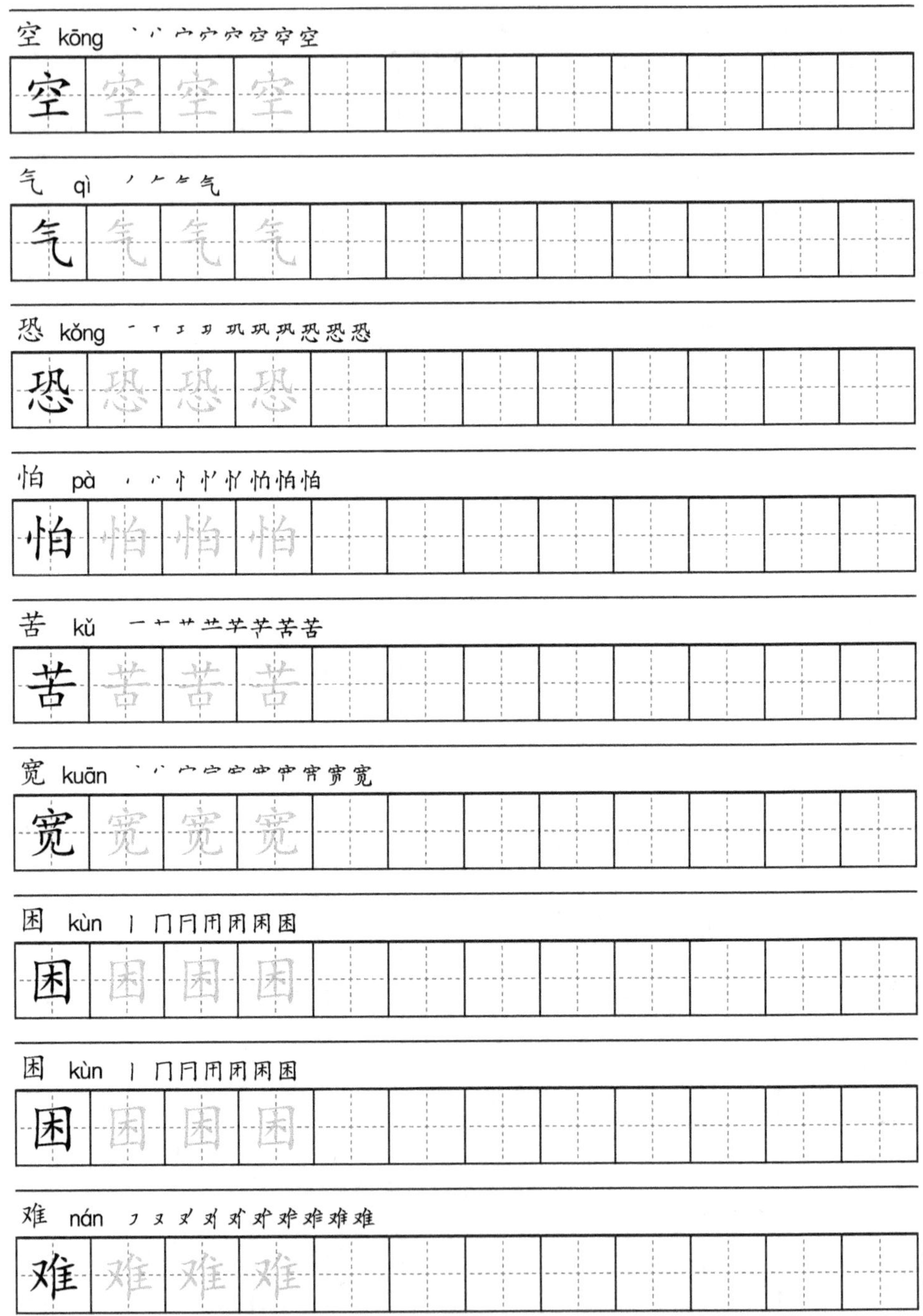

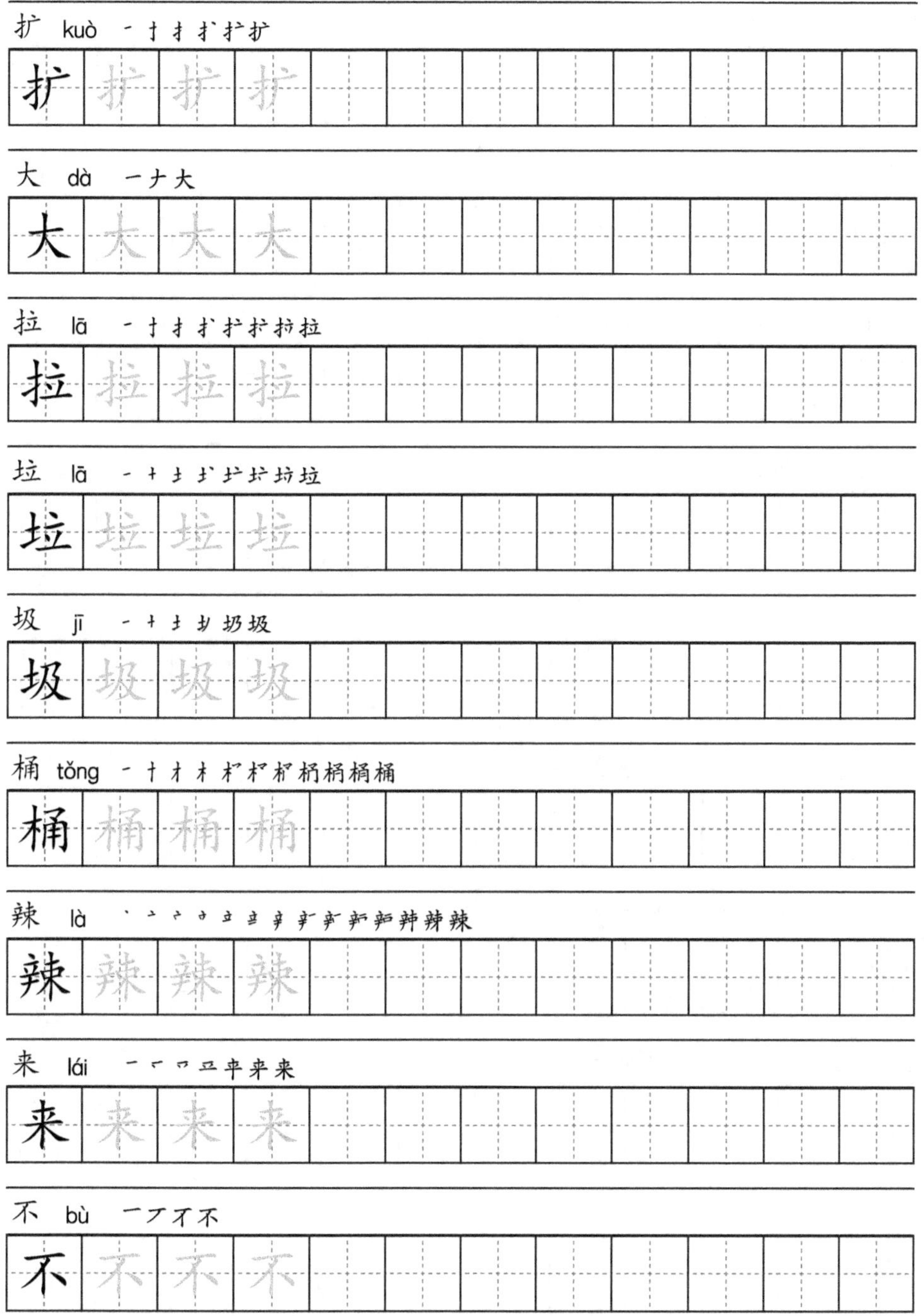

扩 kuò 一 丁 扌 扩 扩 扩

大 dà 一 ナ 大

拉 lā 一 丁 扌 扩 扩 拉 拉

垃 lā 一 十 土 扩 扩 垃 垃 垃

圾 jī 一 十 土 圹 圾 圾

桶 tǒng 一 丁 扌 木 术 杯 杯 柄 桶 桶

辣 là 丶 亠 立 辛 辛 辣 辣 辣

来 lái 一 ㄷ ㄲ 卫 平 来 来

不 bù 一 丆 才 不

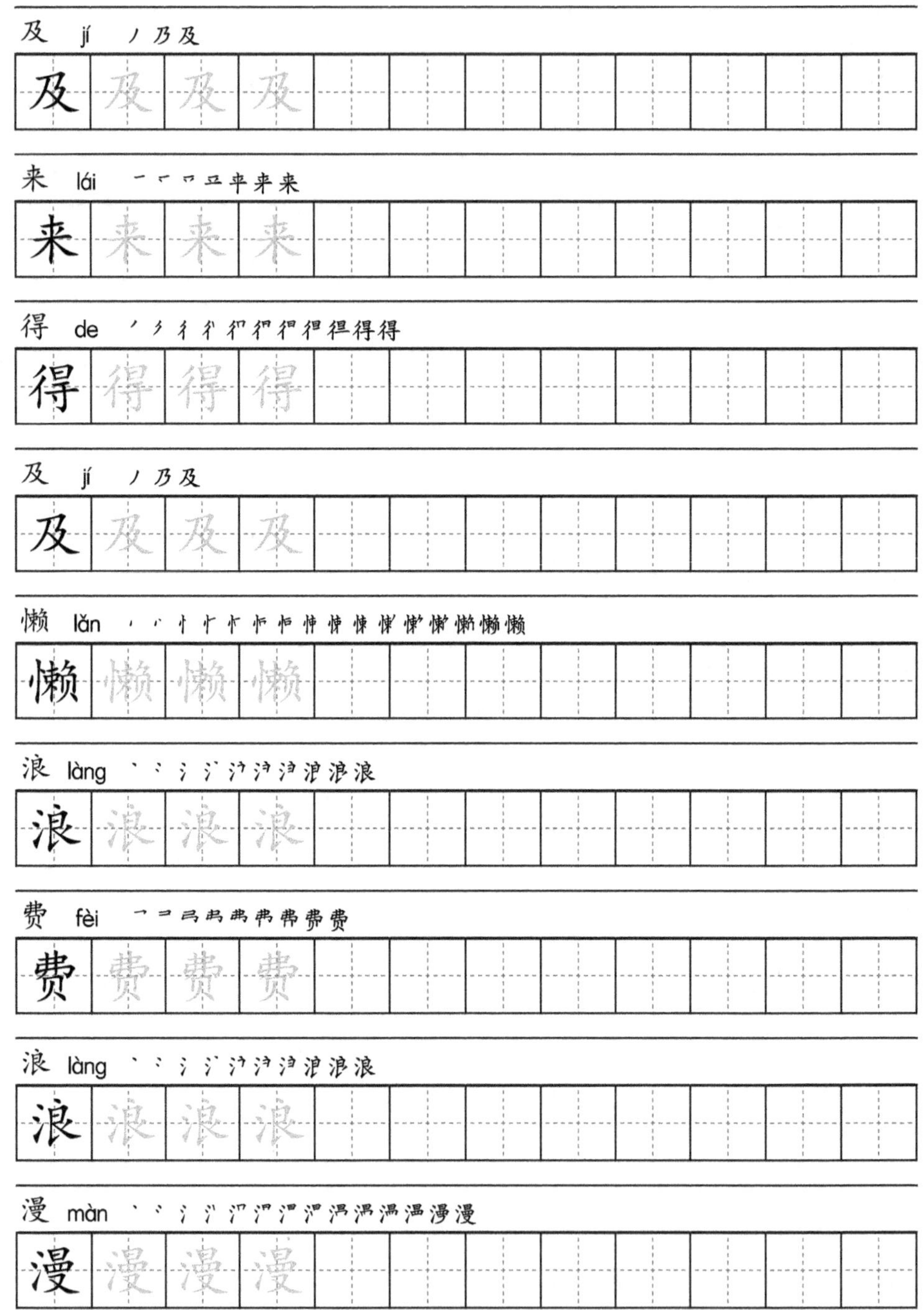

及 jí ノ乃及

来 lái 一丷丆丬平来来

得 de ノ彳彳彳彳彳彳得得得

及 jí ノ乃及

懒 lǎn 丶丶忄忄忄忄忄忄忄忄忄忄懒懒懒

浪 làng 丶丶氵氵氵沪沪浪浪浪

费 fèi 一コ弓弗弗弗费费

浪 làng 丶丶氵氵氵沪沪浪浪浪

漫 màn 丶丶氵氵沪沪沪沪沪漫漫漫漫

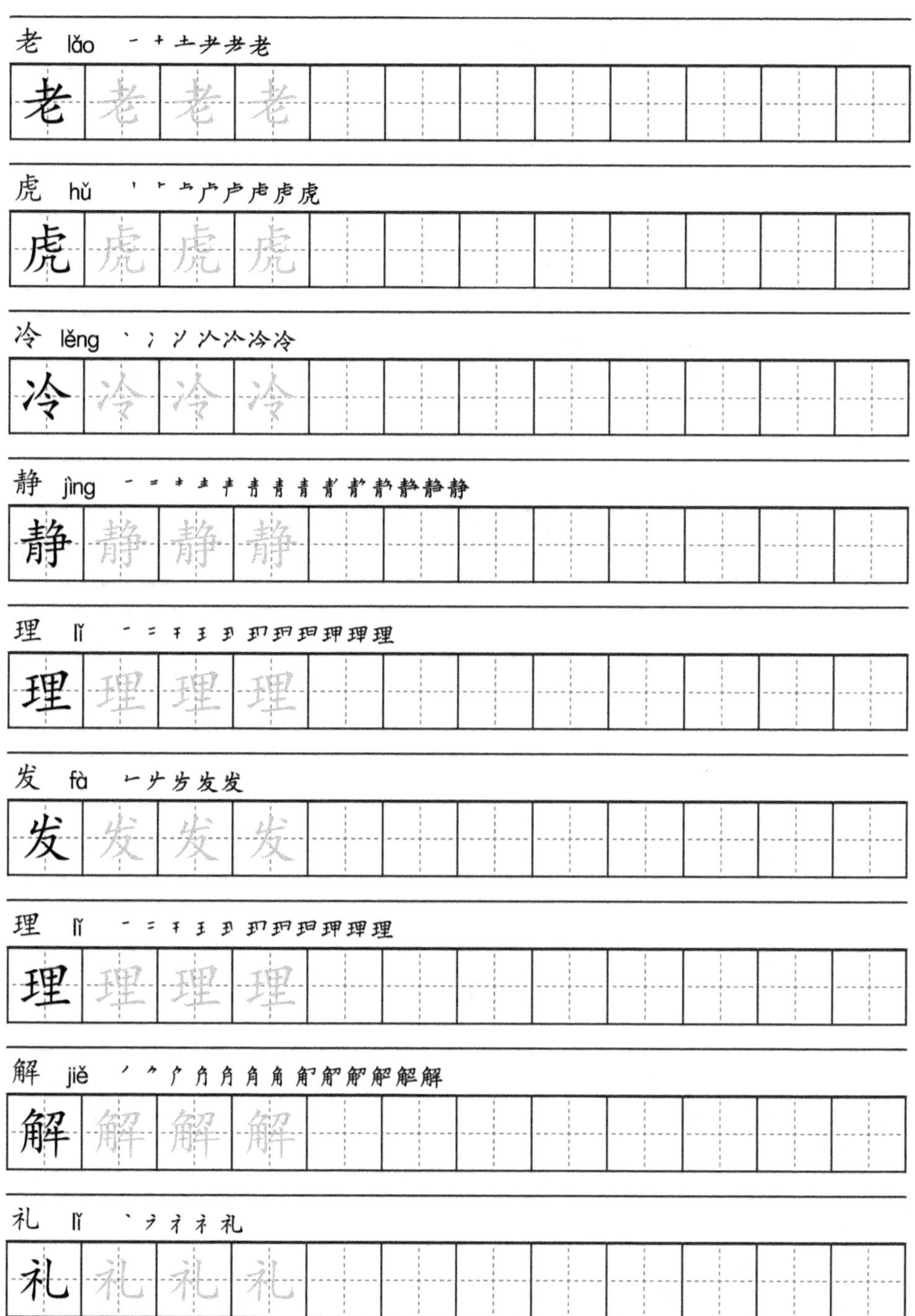

老 lǎo 一 十 土 耂 老 老

虎 hǔ ' ⺊ ⺊ 广 虍 虏 虎 虎

冷 lěng 丶 冫 冫 冷 冷 冷 冷 冷

静 jìng 一 二 丰 ⺫ 青 青 青 青 青 静 静 静 静

理 lǐ 一 二 千 王 尹 玑 玾 理 理 理 理

发 fà 一 少 发 发 发

理 lǐ 一 二 千 王 尹 玑 玾 理 理 理 理

解 jiě ' ⺈ ⺁ 角 角 角 角 觖 觧 解 解 解

礼 lǐ 丶 ⺭ 礻 礼

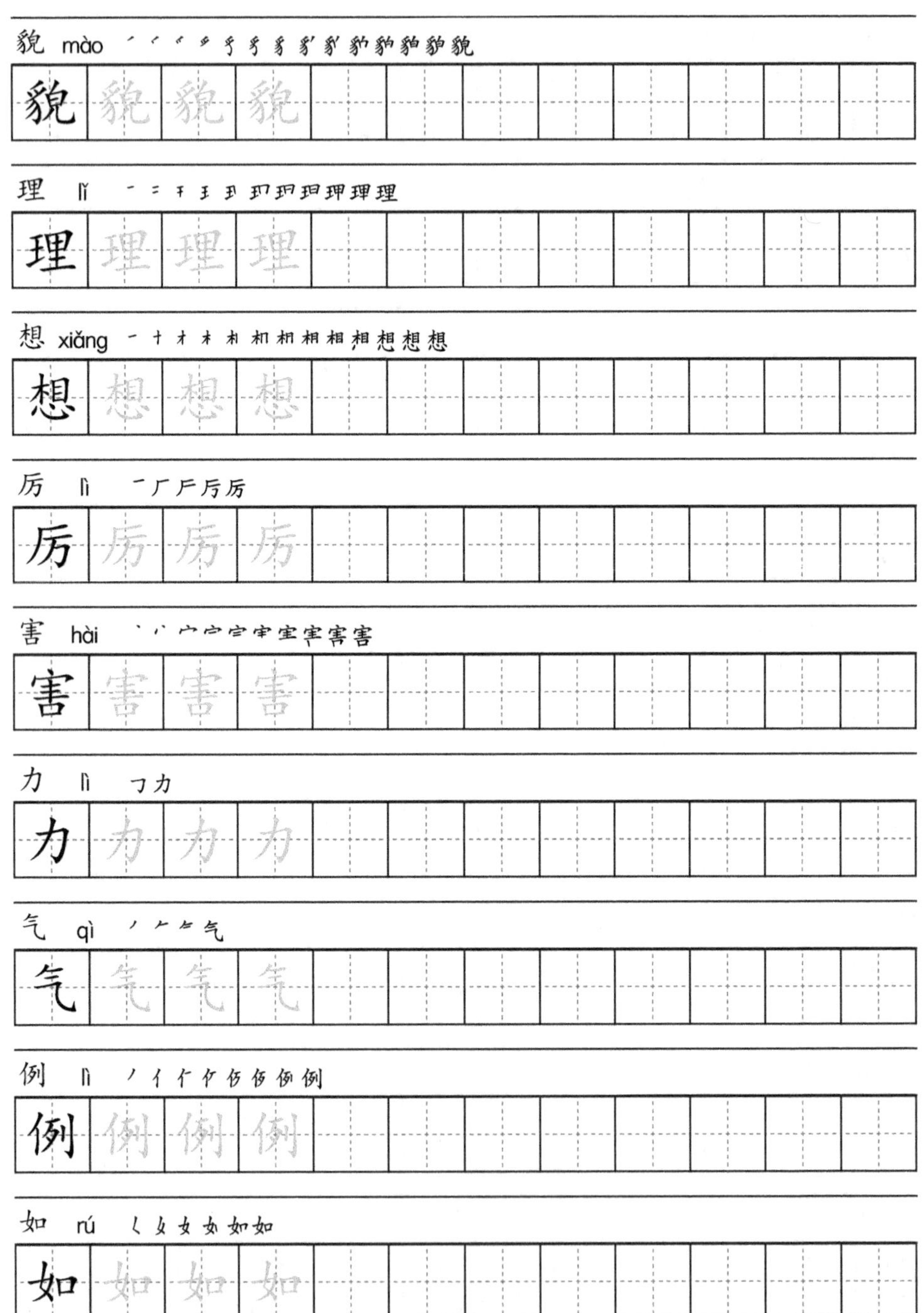

貌 mào ′′′′′ ′彡 豸 豸 豸 豸′ 豸′ 豸刀 豸白 豸白 貌

貌 貌 貌 貌

理 lǐ 一 二 于 王 王 珇 玾 玾 珄 理 理

理 理 理 理

想 xiǎng 一 十 オ 木 机 机 机 相 相 相 想 想 想

想 想 想 想

厉 lì 一 厂 厂 厉 厉

厉 厉 厉 厉

害 hài ′′′ 宀 宀 宀 宝 宝 宝 害 害 害

害 害 害 害

力 lì 丁 力

力 力 力 力

气 qì ′′′ 气 气

气 气 气 气

例 lì 丿 亻 亻 亻 例 例 例 例

例 例 例 例

如 rú 乀 夊 女 女 如 如

如 如 如 如

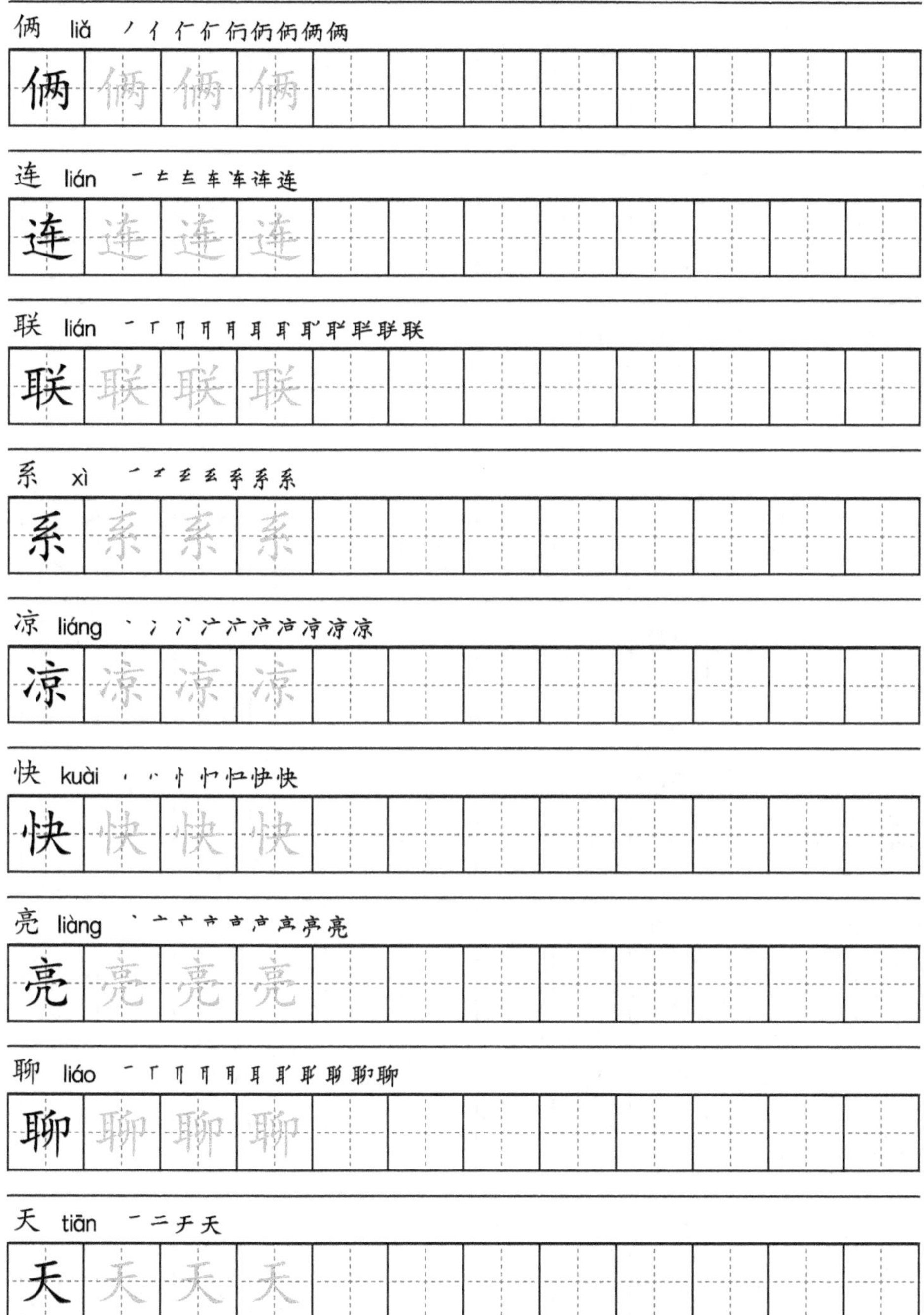

另 lìng ` ㄇ 口 叧 另
另 另 另 另

外 wài ノ ㄅ タ 外 外
外 外 外 外

留 liú ` ㄊ ㄊ 幻 幻 阿 留 留 留
留 留 留 留

流 liú ` ㄎ ㄎ 氵 泸 泸 泸 泸 流
流 流 流 流

泪 lèi ` ㄎ ㄎ 氵 泪 泪 泪 泪
泪 泪 泪 泪

流 liú ` ㄎ ㄎ 氵 泸 泸 泸 泸 流
流 流 流 流

利 lì ノ 二 千 禾 禾 利 利
利 利 利 利

流 liú ` ㄎ ㄎ 氵 泸 泸 泸 泸 流
流 流 流 流

行 xíng ノ ㄅ ㄔ 彳 行 行
行 行 行 行

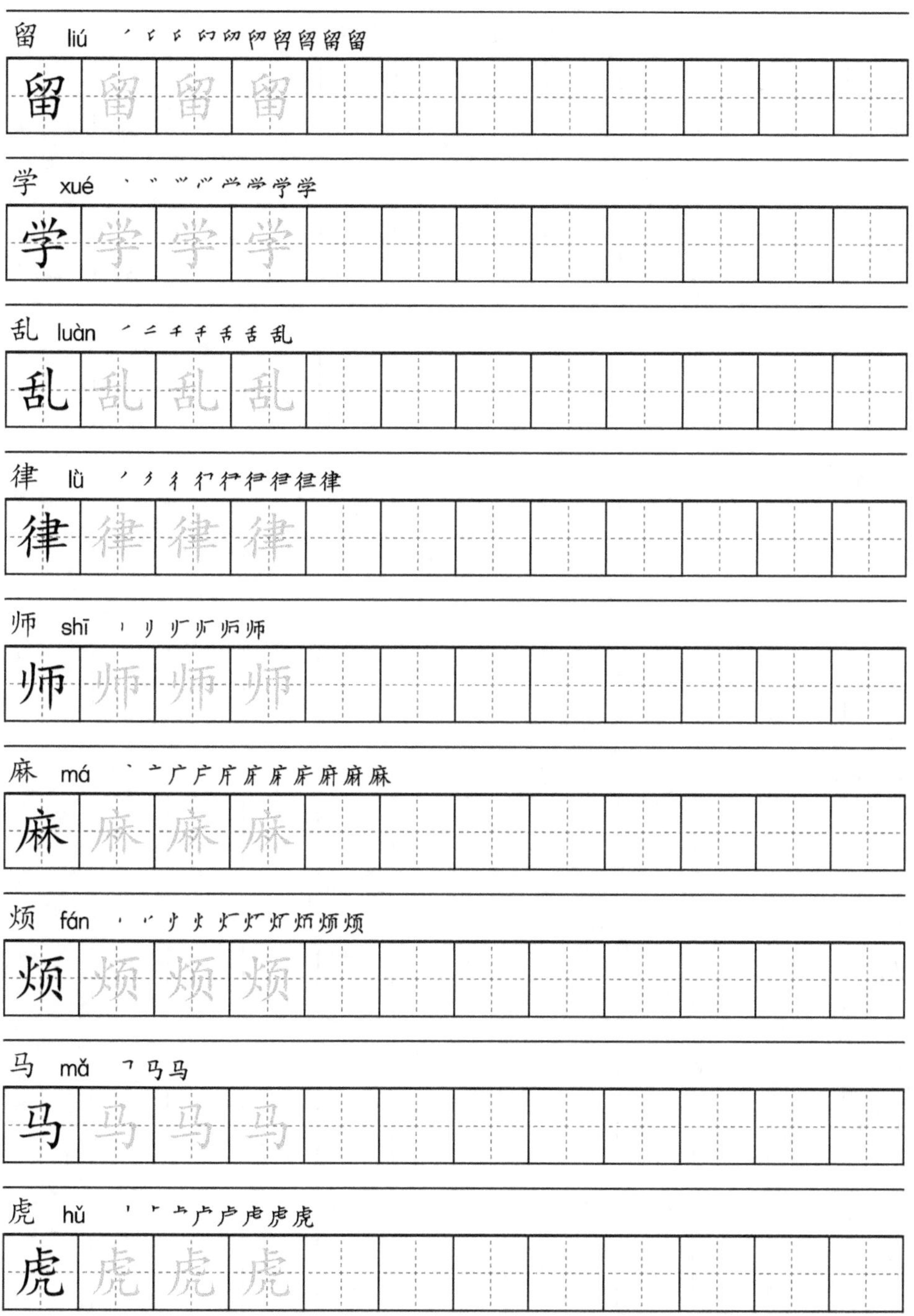

留 liú 留留留
学 xué 学学学
乱 luàn 乱乱乱
律 lǜ 律律律
师 shī 师师师
麻 má 麻麻麻
烦 fán 烦烦烦
马 mǎ 马马马
虎 hǔ 虎虎虎

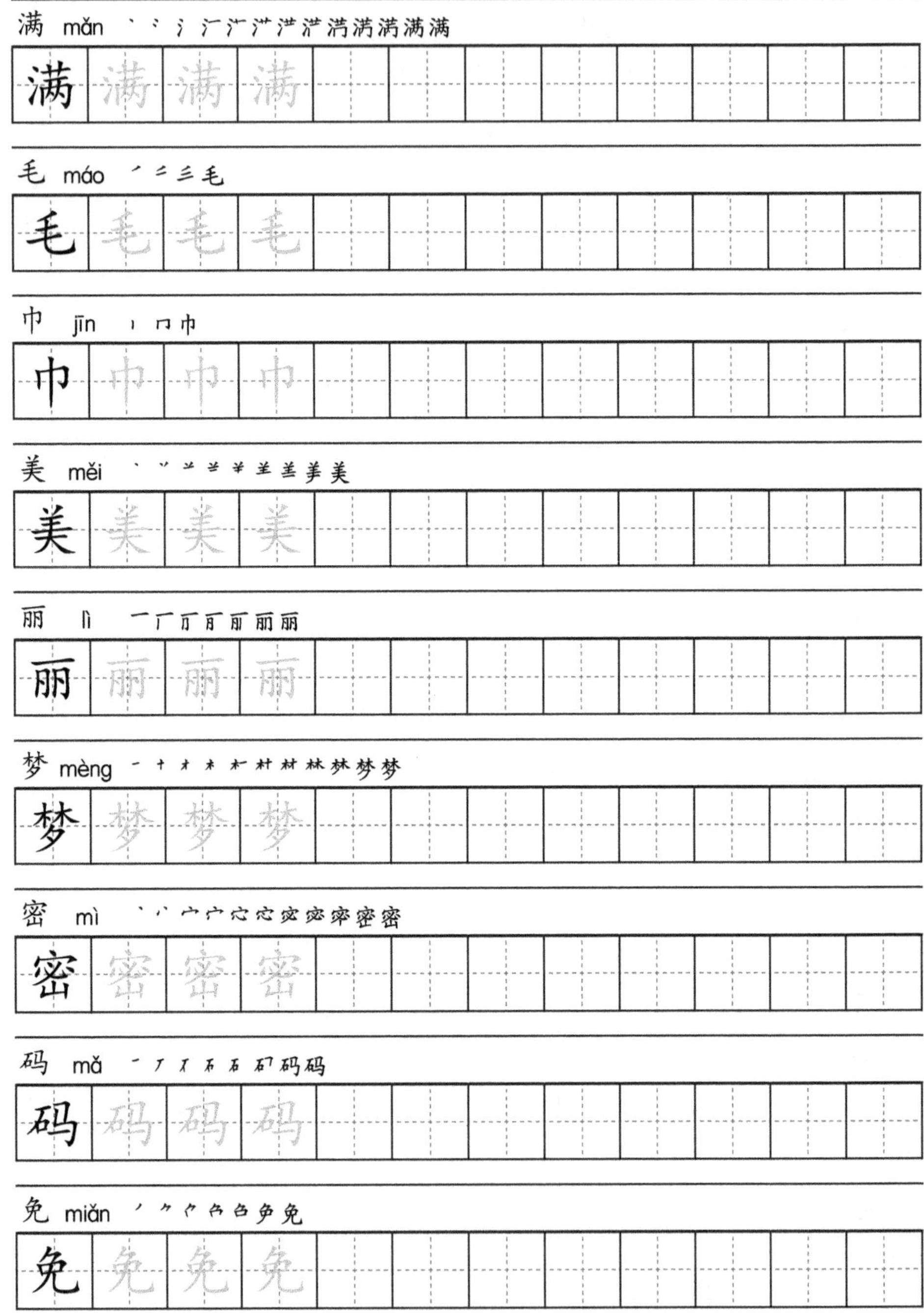

满 mǎn 丶丶氵氵汫汫洁潧满满满满满

毛 máo 丿二三毛

巾 jīn 丨冂巾

美 měi 丶丷丷丷羊羊美美

丽 lì 一丆丆用丽丽丽

梦 mèng 一十才木木村村林林梦梦

密 mì 丶丷宀宀宓宓宓宓密密密

码 mǎ 一厂厂石石矶码码

免 miǎn 丿丿勹勹卢免免

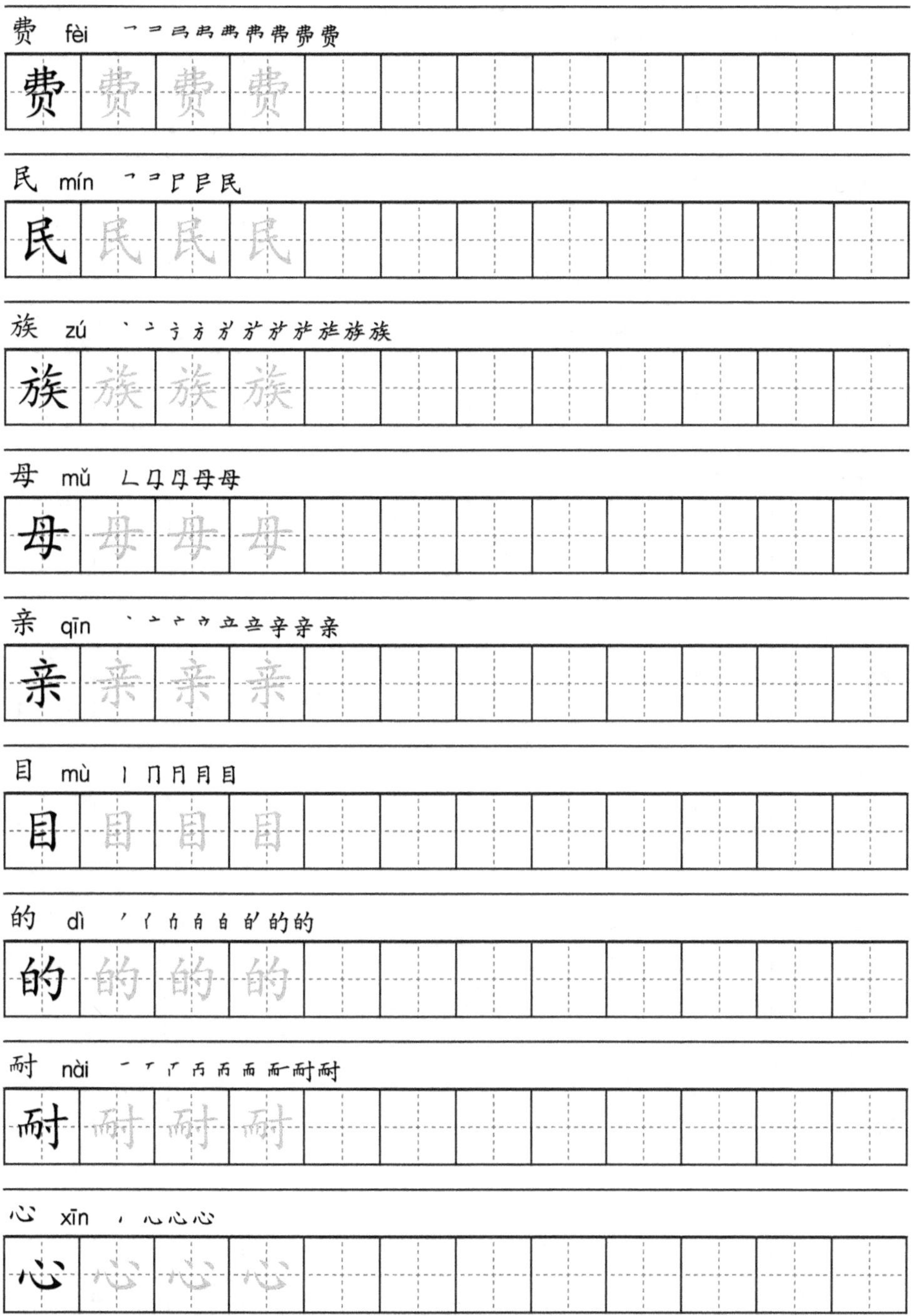

费 fèi 一 一 弓 弗 弗 弗 弗 费 费
民 mín 一 フ コ 尸 民
族 zú 、 一 亍 方 方 方 方 方 族 族
母 mǔ 乙 口 口 母 母
亲 qīn 、 一 一 立 立 辛 亲 亲
目 mù 丨 冂 月 月 目
的 dì 丿 亻 白 白 白 的 的 的
耐 nài 一 丁 厂 币 而 而 耐 耐
心 xīn 丶 心 心 心

难 nán フ ヌ ヌ 邓 对 对 难 难 难 难

| 难 | 难 | 难 | 难 | | | | | | | | | | |

道 dào 丶 丷 丷 艹 艹 首 首 首 首 道 道

| 道 | 道 | 道 | 道 | | | | | | | | | | |

难 nán フ ヌ ヌ 邓 对 对 难 难 难 难

| 难 | 难 | 难 | 难 | | | | | | | | | | |

受 shòu 丶 丷 丷 爫 爫 鬥 受 受

| 受 | 受 | 受 | 受 | | | | | | | | | | |

内 nèi 丨 冂 内 内

| 内 | 内 | 内 | 内 | | | | | | | | | | |

内 nèi 丨 冂 内 内

| 内 | 内 | 内 | 内 | | | | | | | | | | |

容 róng 丶 丷 宀 宀 穴 灾 突 突 容 容

| 容 | 容 | 容 | 容 | | | | | | | | | | |

能 néng 厶 厶 厃 台 台 自 能 能 能 能

| 能 | 能 | 能 | 能 | | | | | | | | | | |

力 lì フ 力

| 力 | 力 | 力 | 力 | | | | | | | | | | |

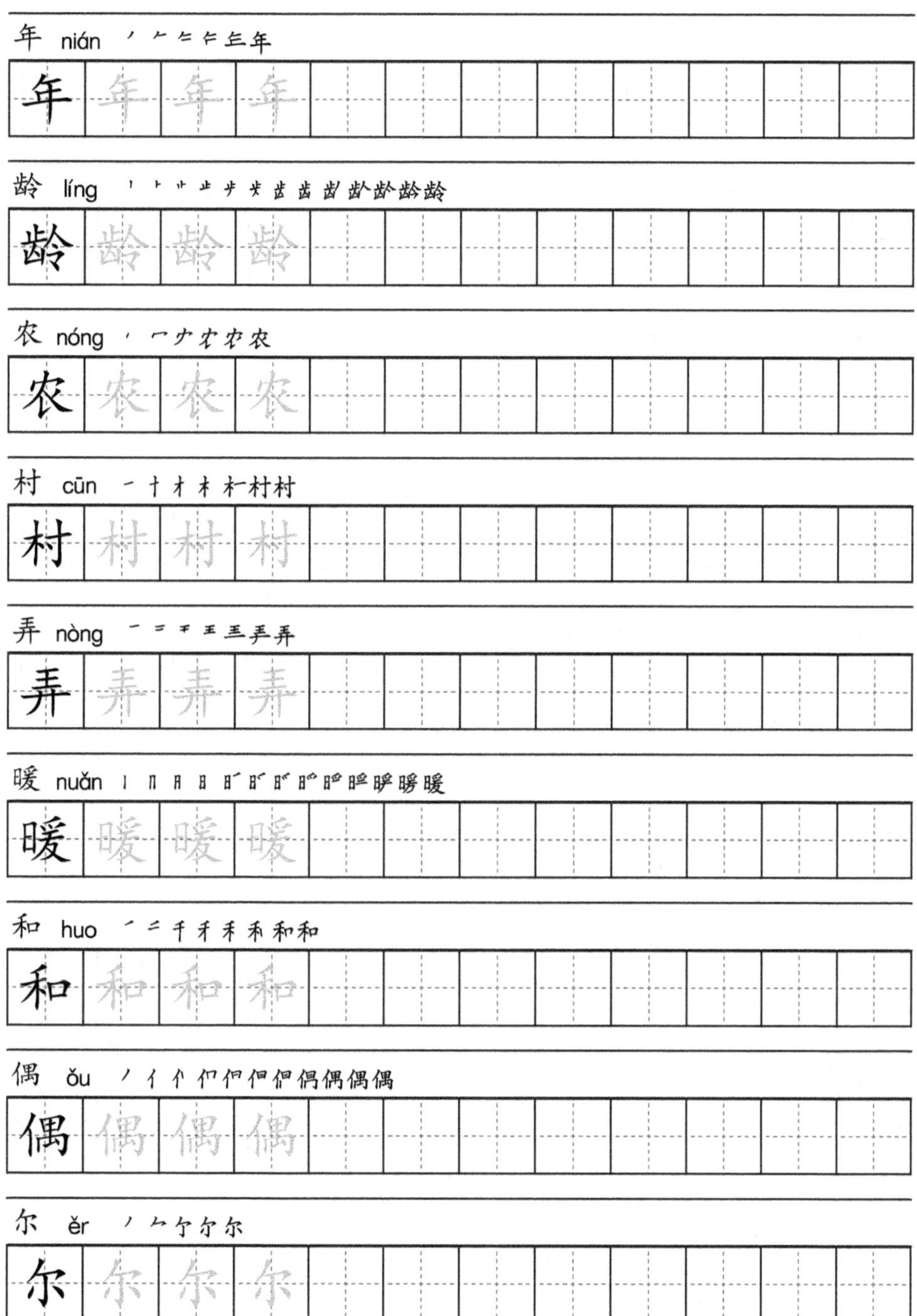

年 nián ノ 𠂉 𠂊 仁 仨 年
龄 líng ㇒ ㇑ ㇒ 止 少 歩 歩 齿 齿 齿 龄 龄 龄 龄
农 nóng ㇒ 一 ㇅ 𠂇 农 农
村 cūn 一 十 ㇉ 木 ㇀ 村 村
弄 nòng 一 二 𠃑 王 三 弄 弄
暖 nuǎn ㇑ 冂 日 日 旷 旷 旷 旷 昫 暖 暖 暖 暖
和 huo ㇒ 二 千 禾 禾 禾 和 和
偶 ǒu ノ 亻 ⺊ 们 但 但 偶 偶 偶 偶
尔 ěr ノ 𠂊 介 尔 尔

排 pái	一 亅 扌 扑 扌 排 排 排 排 排

排　排　排　排

列 liè	一 丆 歹 歹 列 列

列　列　列　列

判 pàn	丶 丷 丷 半 半 判 判

判　判　判　判

断 duàn	丶 丷 丷 半 半 米 断 断 断 断 断

断　断　断　断

陪 péi	阝 阝 阝 阝 阼 阼 阼 陪 陪 陪

陪　陪　陪　陪

批 pī	一 扌 扌 扌 批 批 批

批　批　批　批

评 píng	丶 讠 讠 讠 讠 评 评

评　评　评　评

皮 pí	一 丆 广 皮 皮

皮　皮　皮　皮

肤 fū	丿 月 月 月 肝 肤 肤 肤

肤　肤　肤　肤

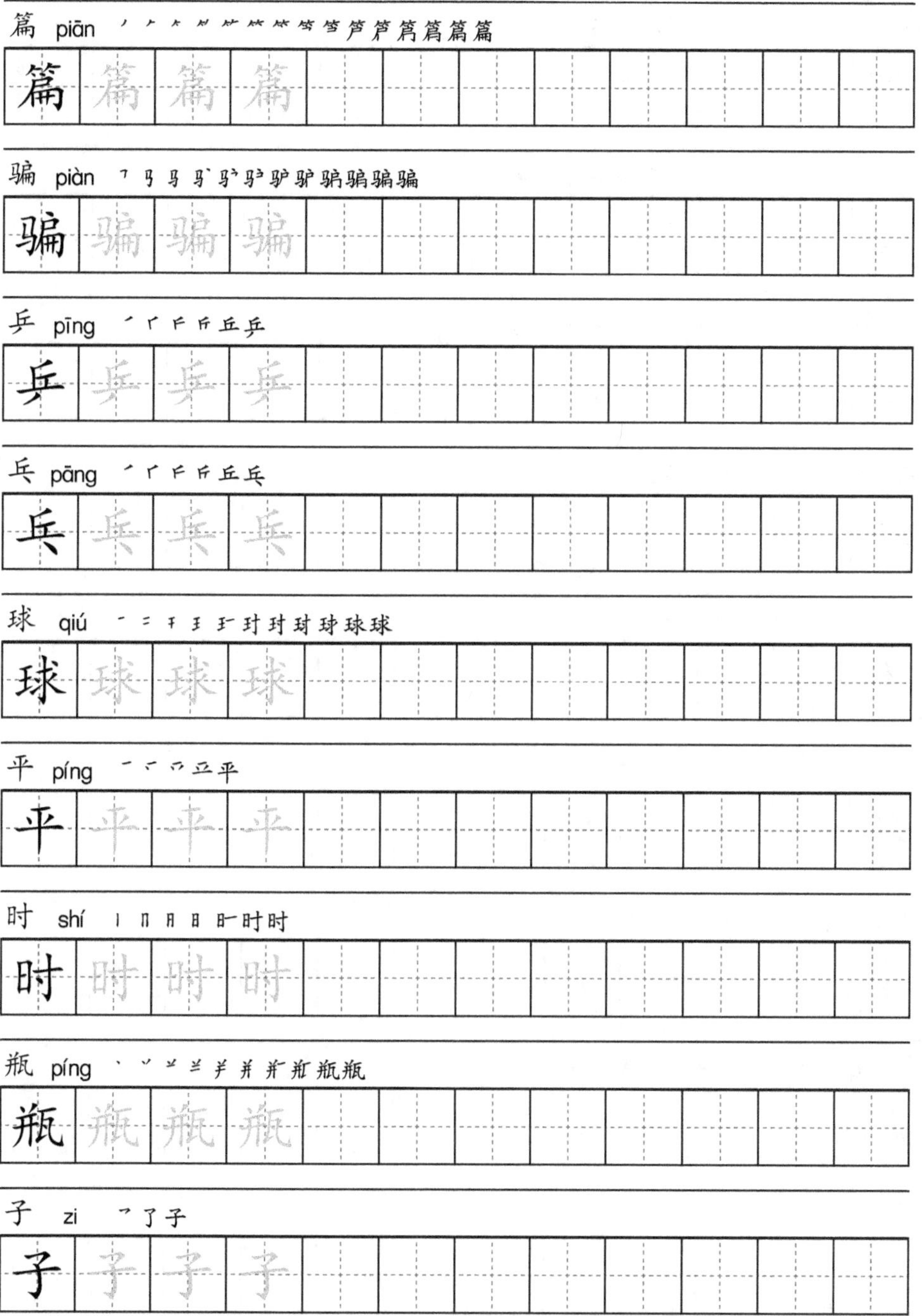

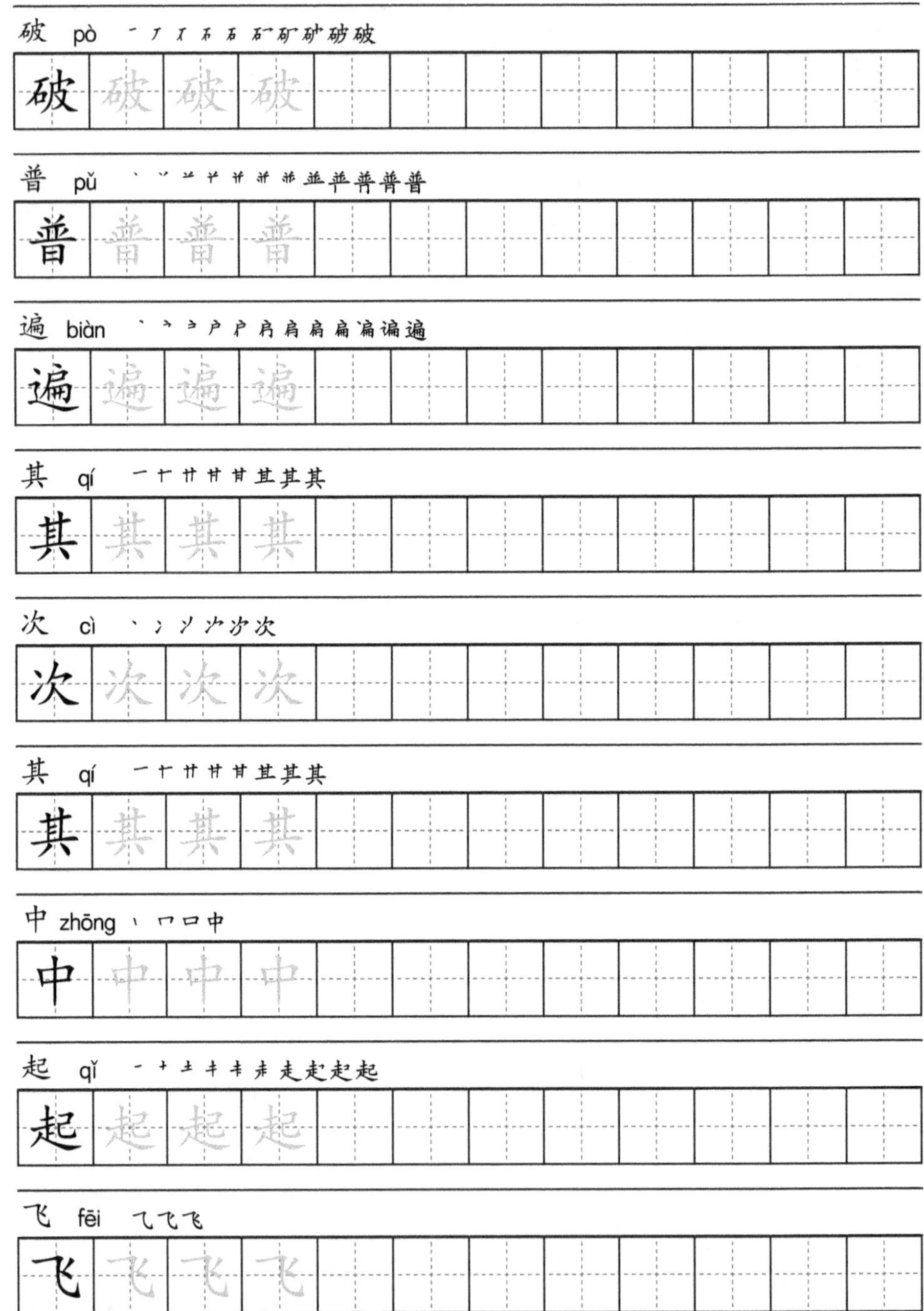

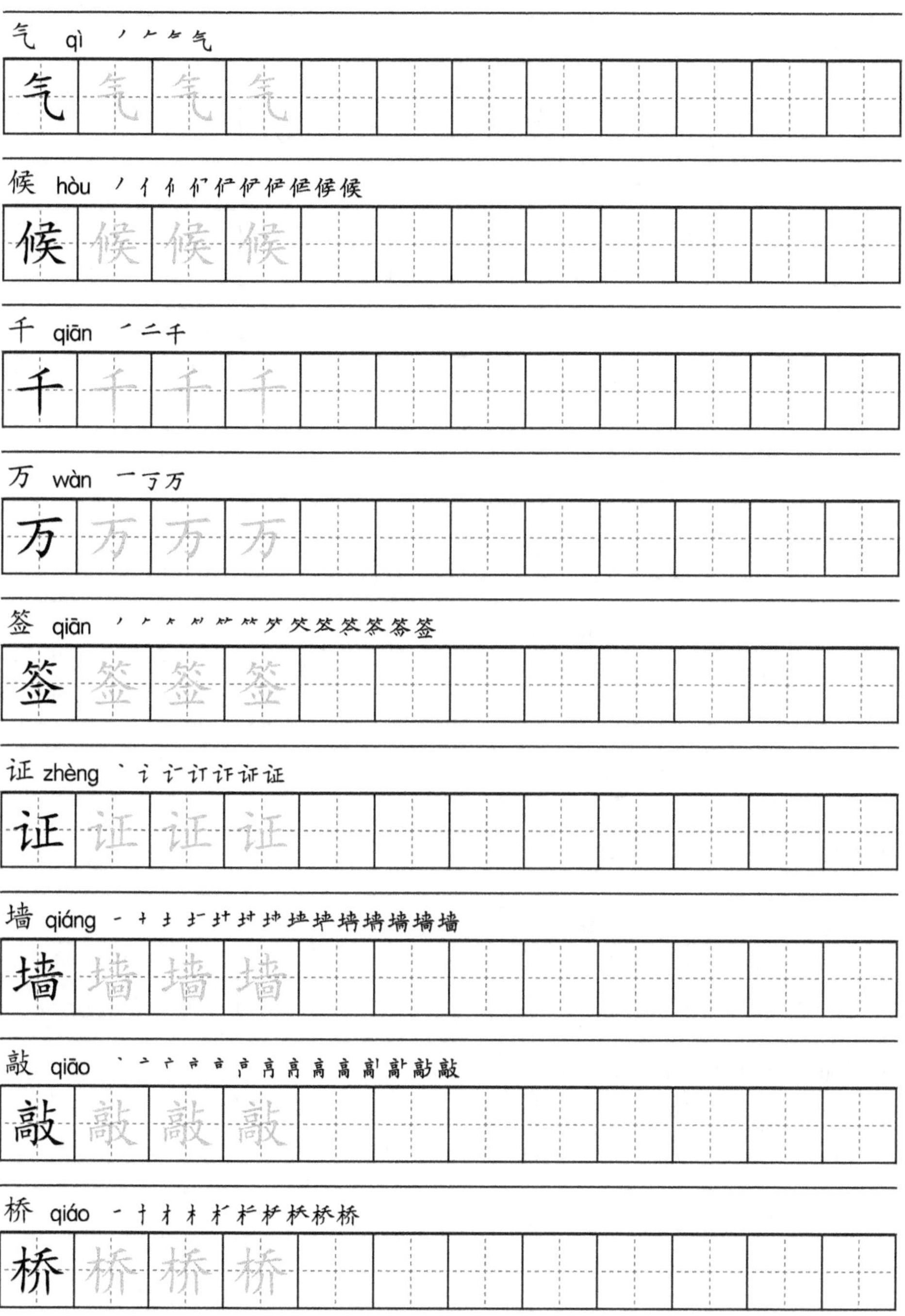

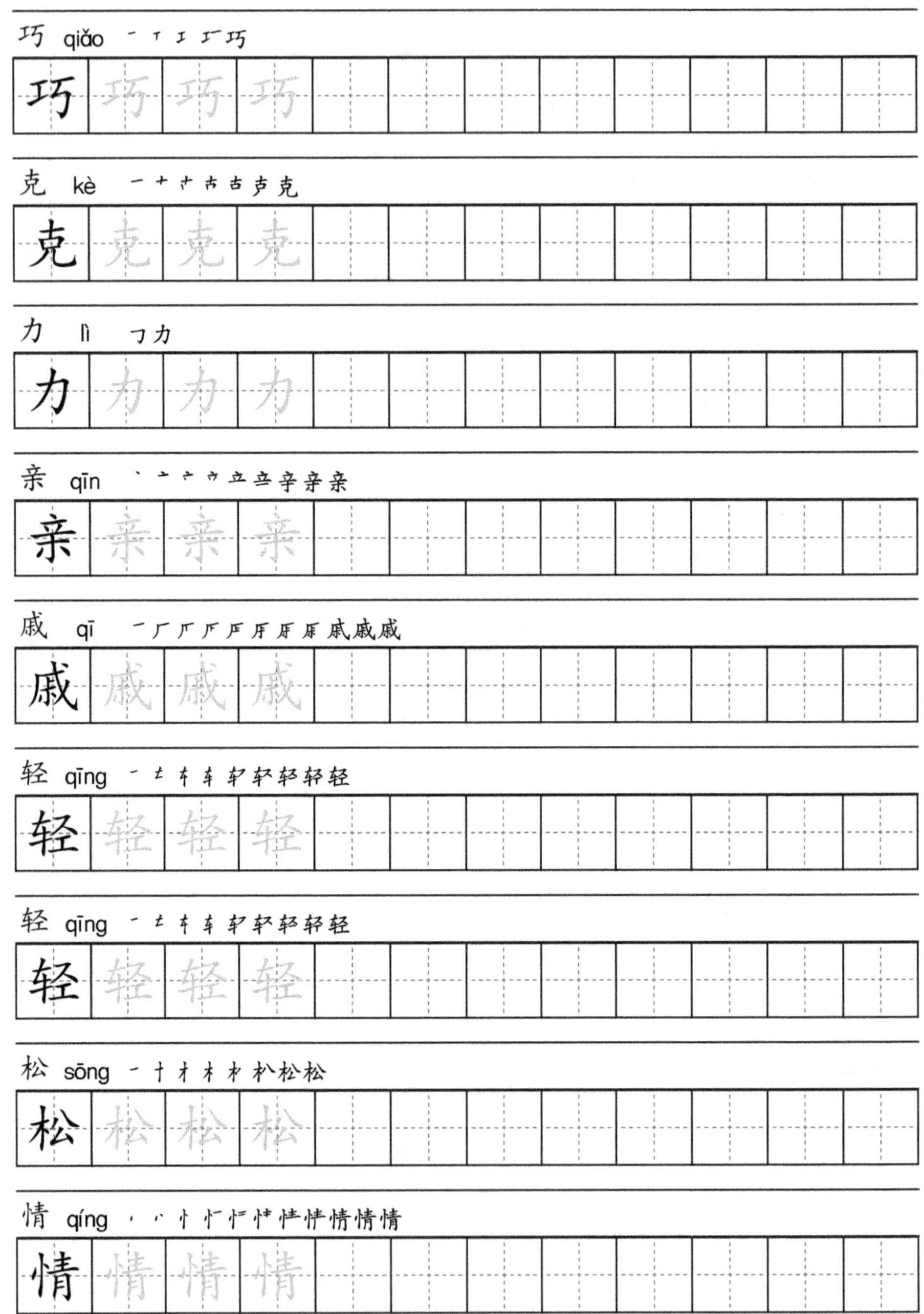

况 kuàng　丶冫冫冗况况况

况　况　况　况

请 qǐng　丶讠讠订评诗请请请

请　请　请　请

假 jià　丿亻亻个俨俨俨假假假

假　假　假　假

请 qǐng　丶讠讠订评诗请请请

请　请　请　请

客 kè　丶丷宀宀灾灾客客

客　客　客　客

穷 qióng　丶丷宀宀穴穷穷

穷　穷　穷　穷

区 qū　一フ又区

区　区　区　区

别 bié　丶丷口另别别

别　别　别　别

取 qǔ　一丆丌丌丌耳取取

取　取　取　取

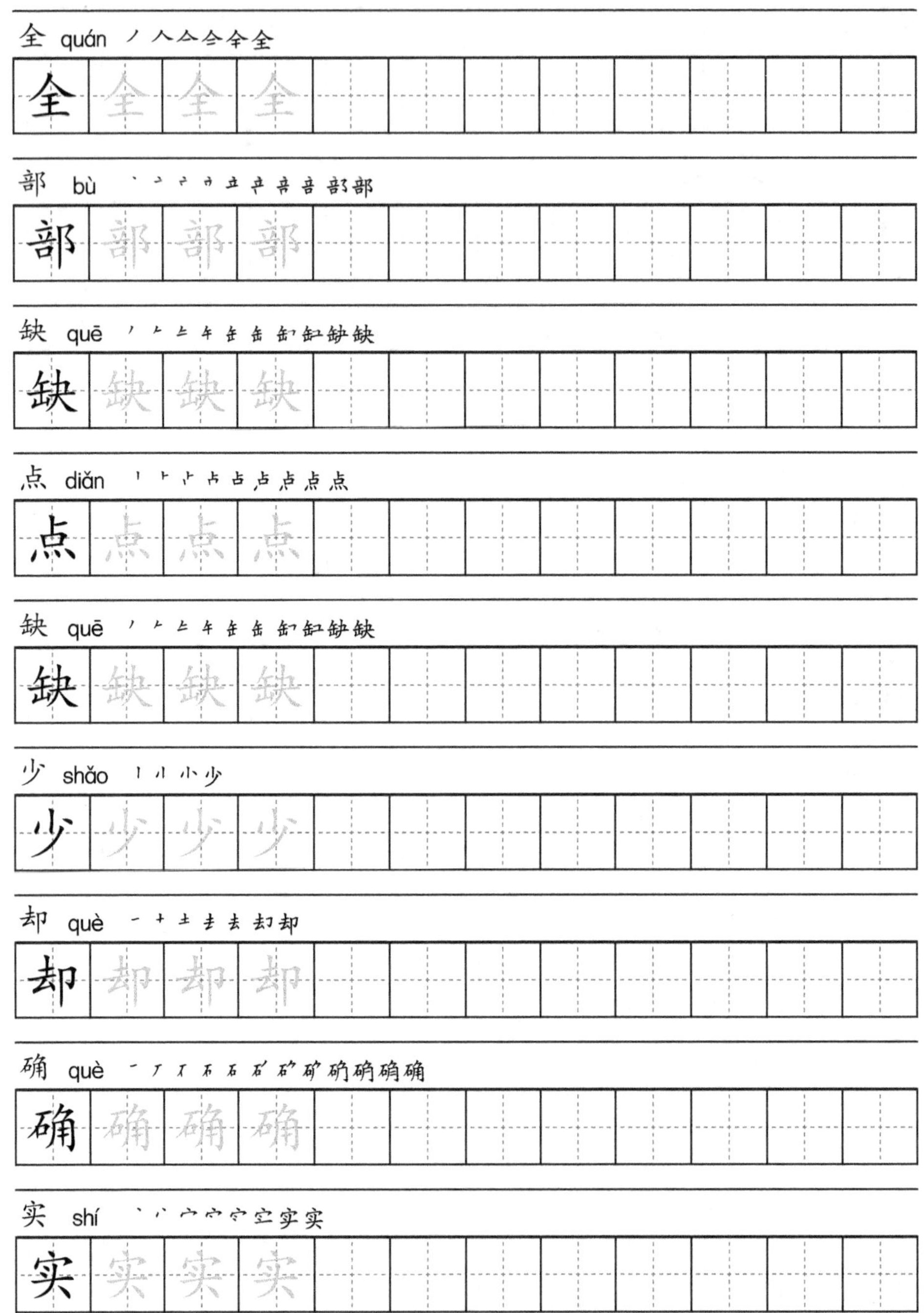

全 quán ノ 人 人 仐 仐 全

部 bù ' ユ ゥ ゥ 立 产 咅 咅 剖 部

缺 quē ノ ト 上 午 缶 缶 缸 缸 缺 缺

点 diǎn ' ト 上 占 占 占 点 点 点

缺 quē ノ ト 上 午 缶 缶 缸 缸 缺 缺

少 shǎo ｜ ｜ 小 少

却 què 一 十 土 去 去 刼 却

确 què 一 ア ズ 石 石 矿 矿 硈 硈 确 确 确

实 shí ' ハ 宀 宀 宇 宇 实 实

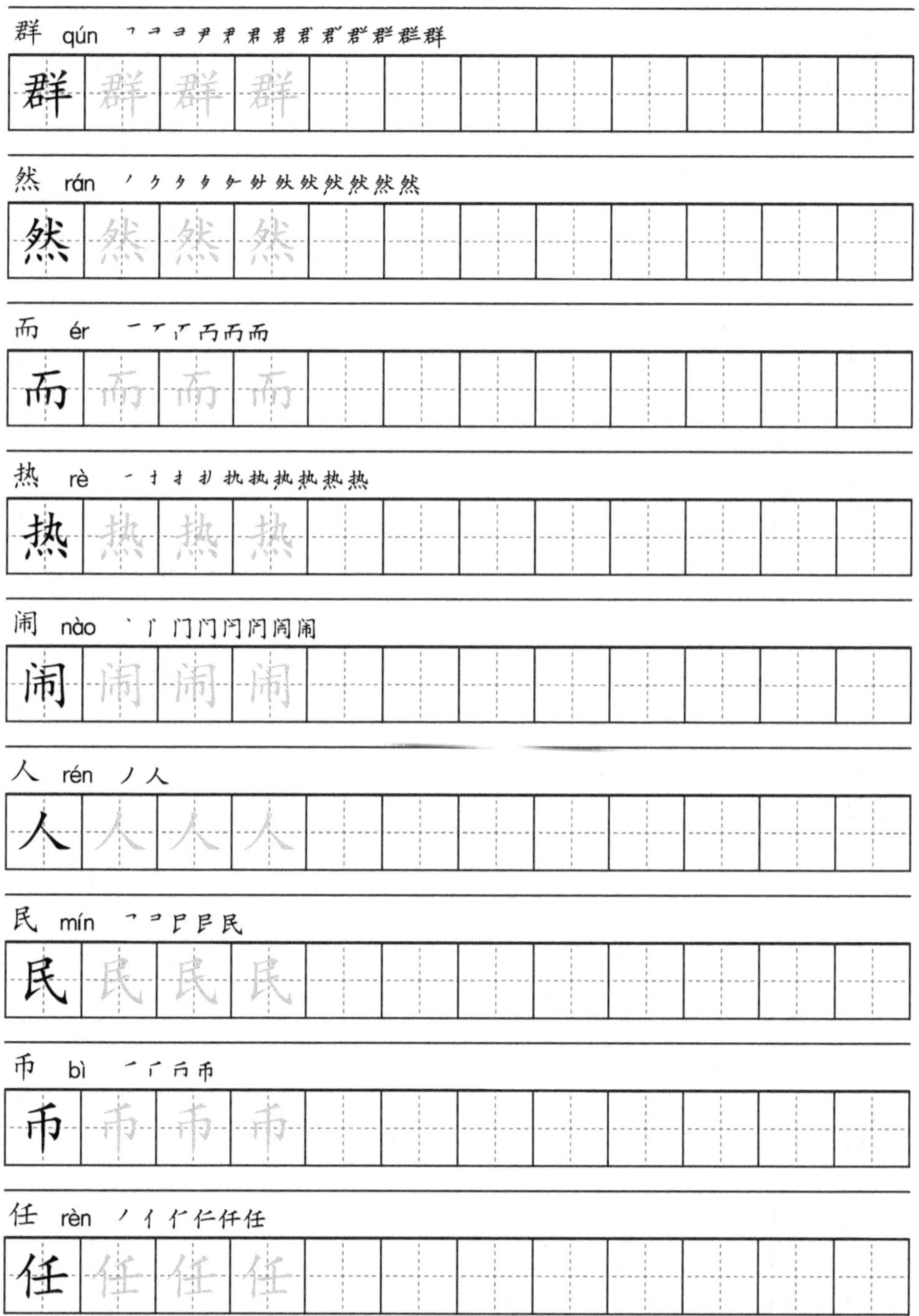

群 qún ㄱ ㅋ ㅋ 尹 尹 君 君 君 君 群 群 群 群
群
然 rán ノ ク タ タ タ 妖 妖 妖 然 然 然
然
而 ér 一 ㄱ 厂 丙 而 而
而
热 rè 一 扌 扌 执 执 执 热 热 热 热
热
闹 nào 丶 冂 门 门 闩 闪 闹 闹
闹
人 rén ノ 人
人
民 mín 一 ㄱ 尸 尸 民
民
币 bì 一 厂 厅 币
币
任 rèn ノ イ 亻 仁 仟 任 任
任

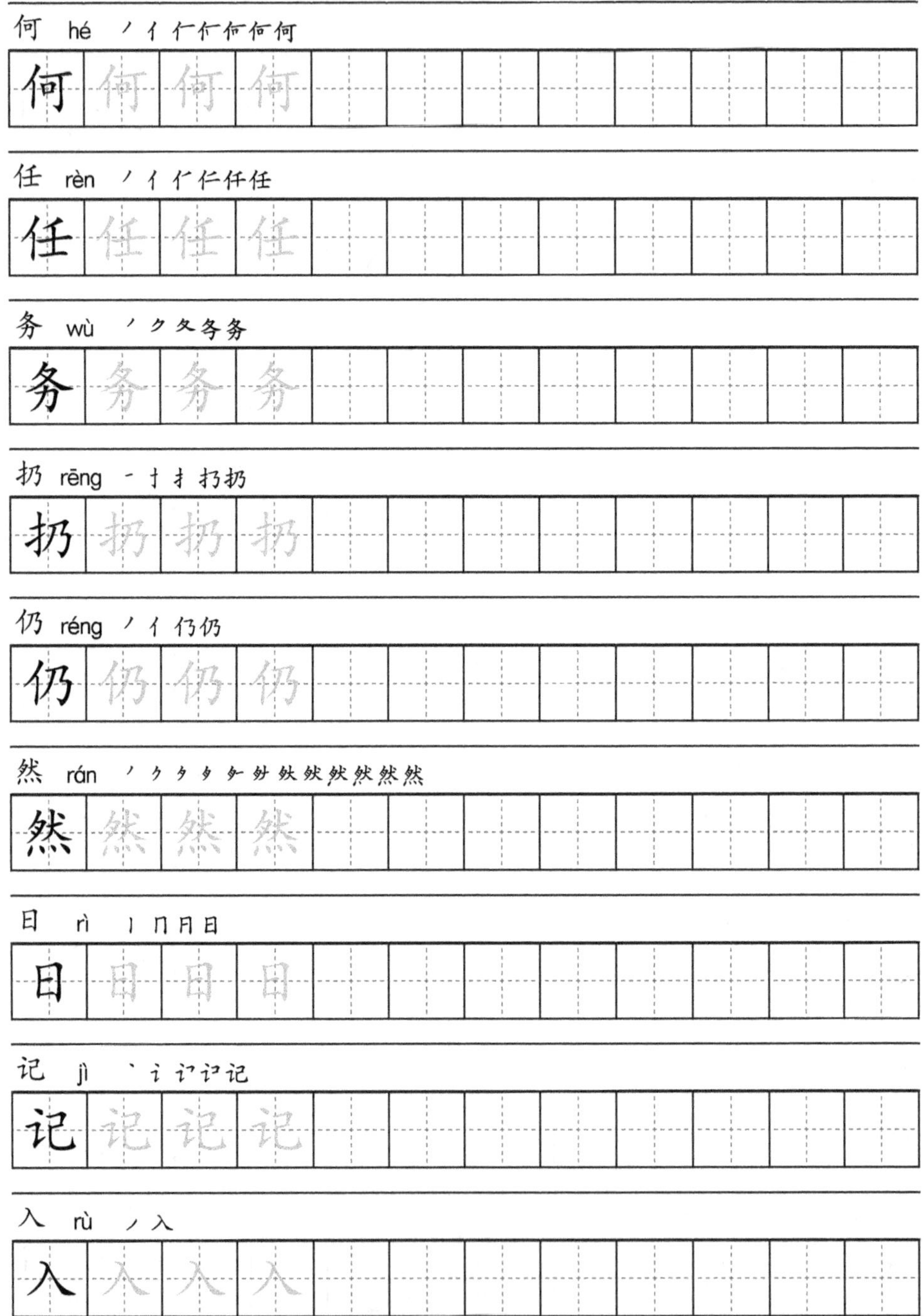

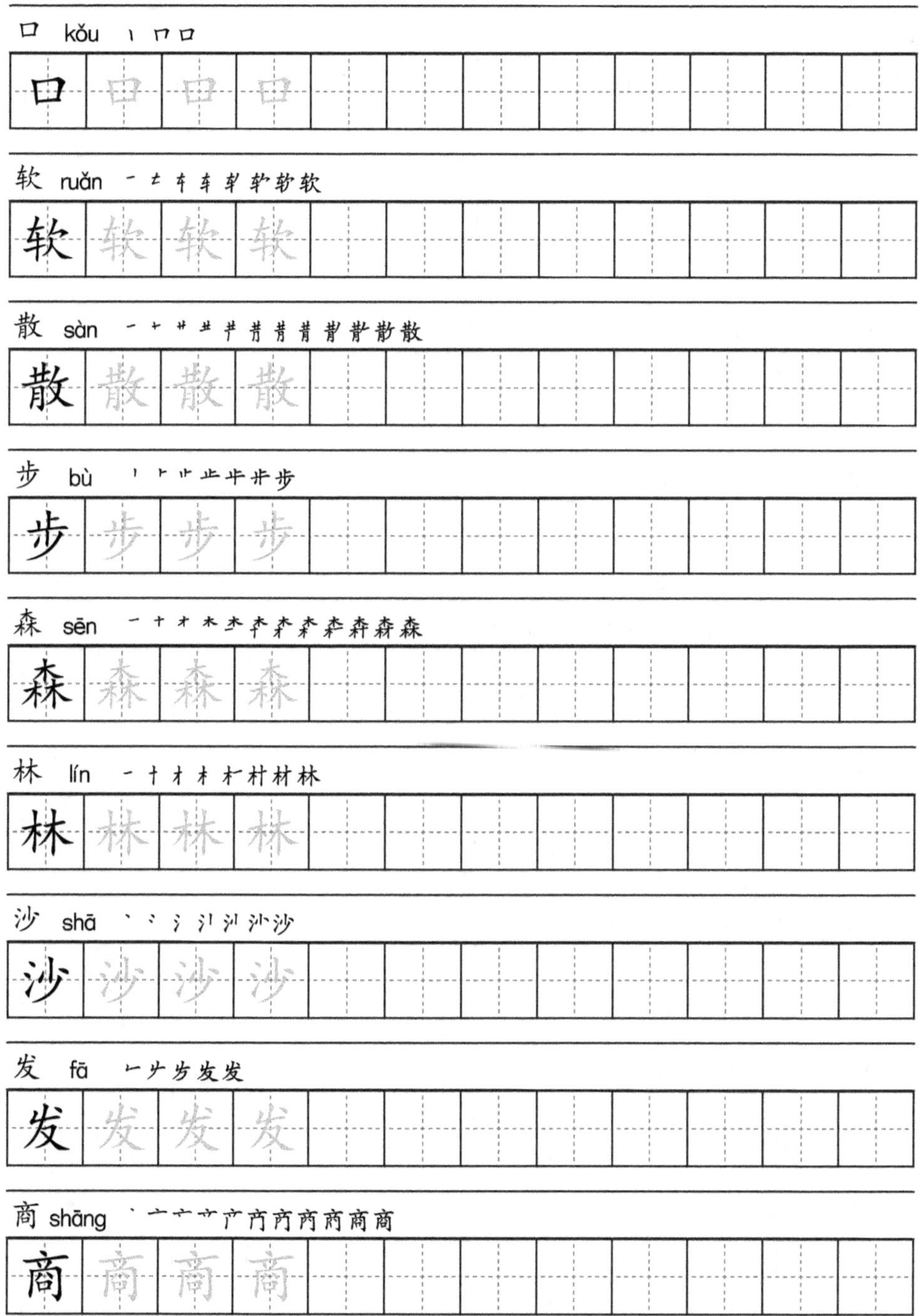

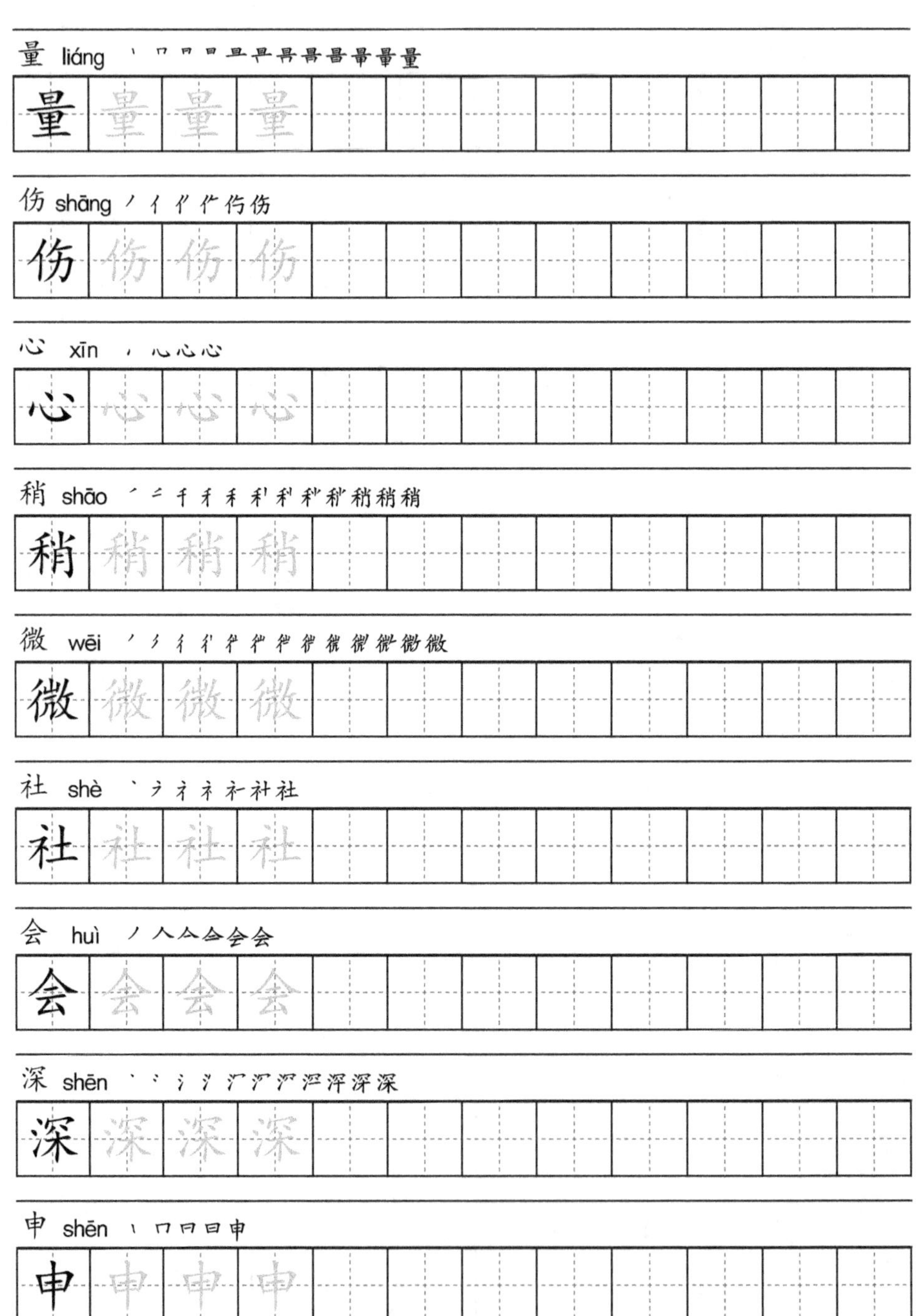

量 liáng 丶丨冂日旦甼昌昌昌昌量量量

伤 shāng 丿亻亻仂仿伤

心 xīn 丶心心心

稍 shāo 丿二千禾禾禾利利利秒秒稍稍稍

微 wēi 丿彳彳彳彳彳彳微微微微微

社 shè 丶丿礻礻礻礻社社

会 huì 丿人人今会会

深 shēn 丶丶氵氵氵汜汜泙泙深深深

申 shēn 丨冂日日申

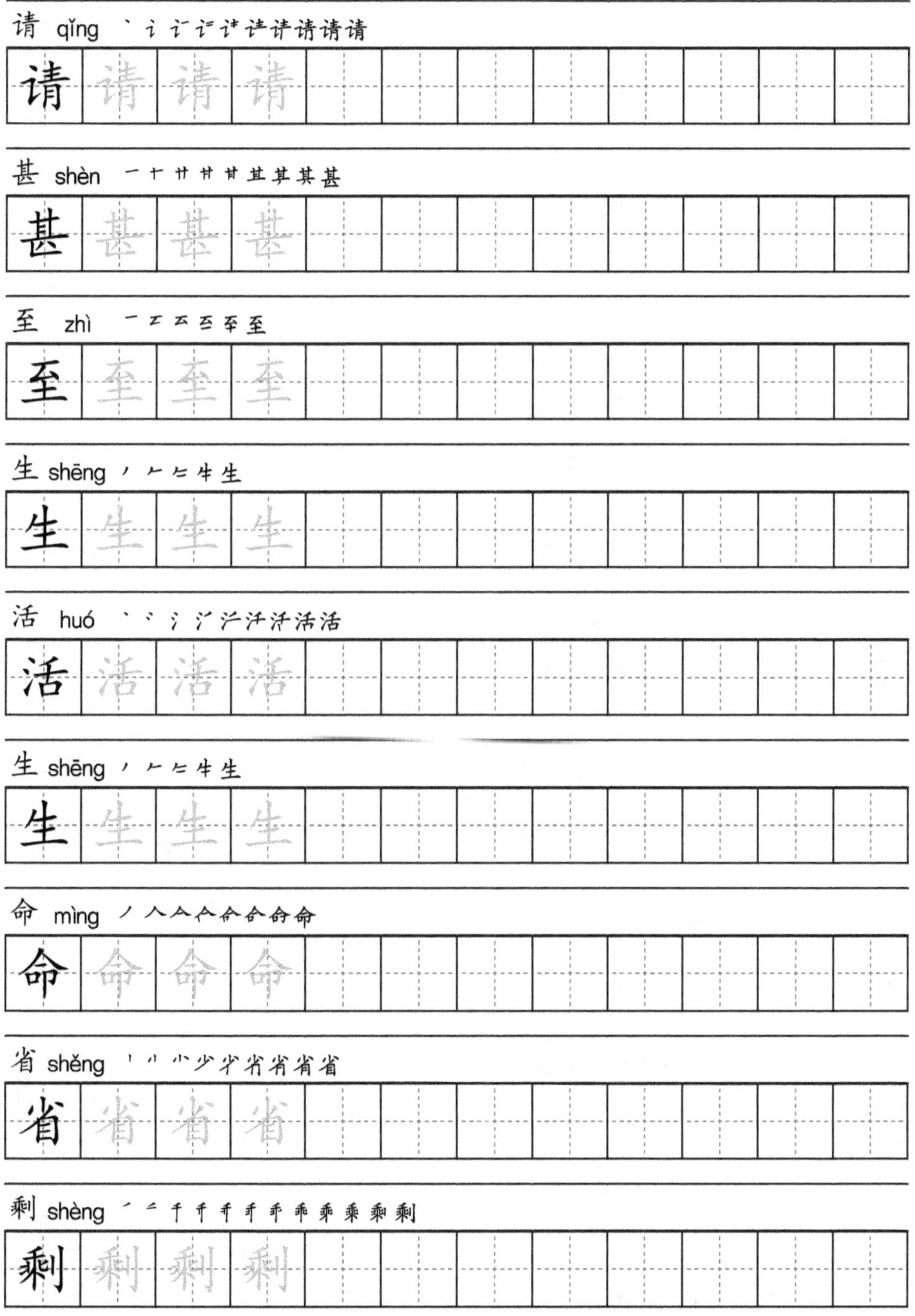

请 qǐng 丶讠讠讠讠讠请请请请
请 请 请 请

甚 shèn 一十廿廿甘其其其甚
甚 甚 甚 甚

至 zhì 一乙丷丞至至
至 至 至 至

生 shēng 丿一七生生
生 生 生 生

活 huó 丶丶氵汇汇汗活活
活 活 活 活

生 shēng 丿一七生生
生 生 生 生

命 mìng 丿人人人合合命命
命 命 命 命

省 shěng 丶丷小少省省省省省
省 省 省 省

剩 shèng 丿一二千千千乖乖乖乘乘剩剩
剩 剩 剩 剩

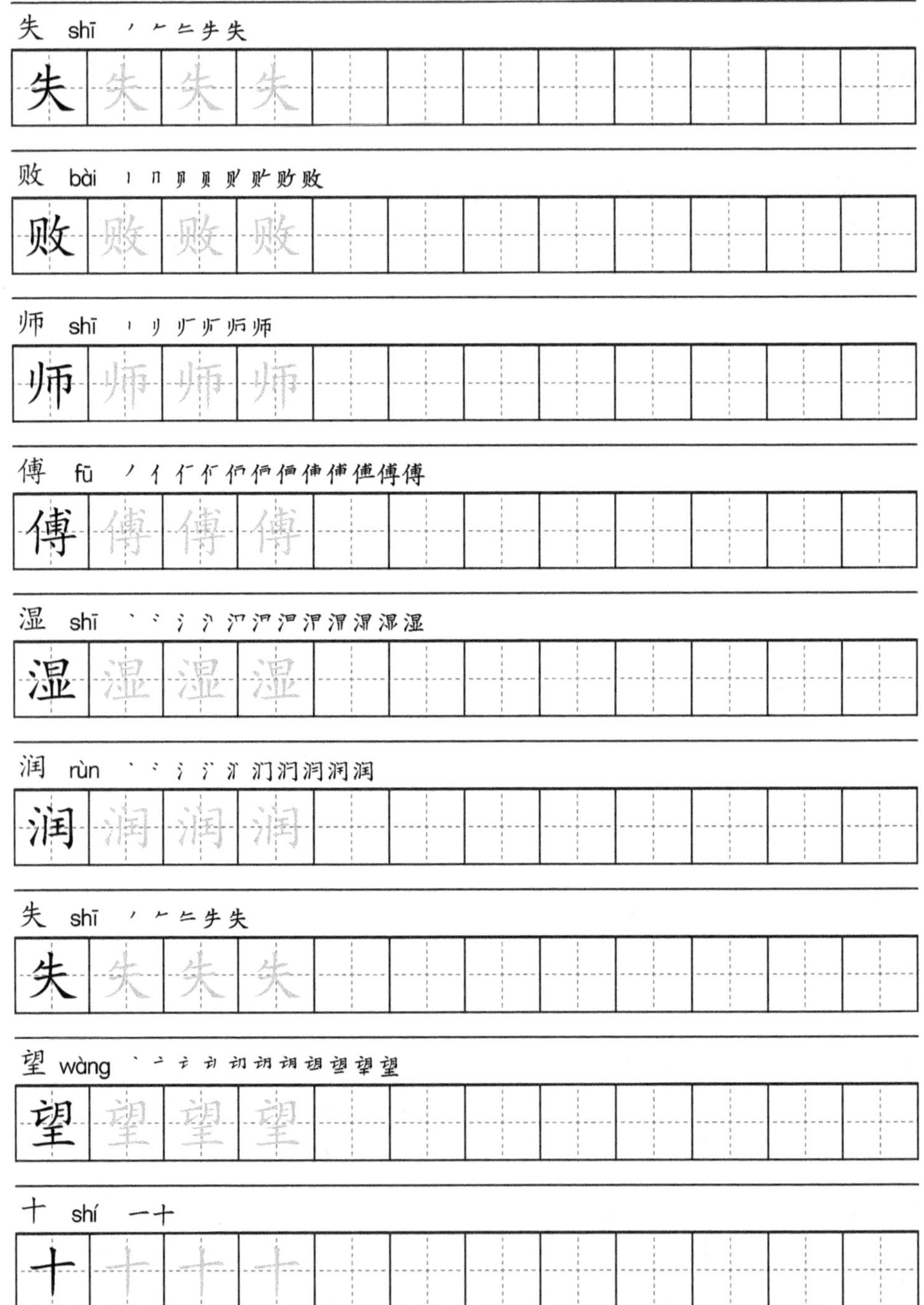

失 shī ノ ⸜ 二 失 失
失 失 失 失

败 bài 丨 冂 贝 贝 败 败 败 败
败 败 败 败

师 shī 丿 刂 刂 师 师 师
师 师 师 师

傅 fù 丿 亻 仁 仁 仴 俌 俌 傅 傅 傅 傅
傅 傅 傅 傅

湿 shī 丶 丶 氵 氵 沪 沪 沪 湿 湿 湿 湿
湿 湿 湿 湿

润 rùn 丶 丶 氵 氵 沪 门 润 润 润 润
润 润 润 润

失 shī 丿 ⸜ 二 失 失
失 失 失 失

望 wàng 丶 二 亡 亡 坧 坧 坧 望 望 望
望 望 望 望

十 shí 一 十
十 十 十 十

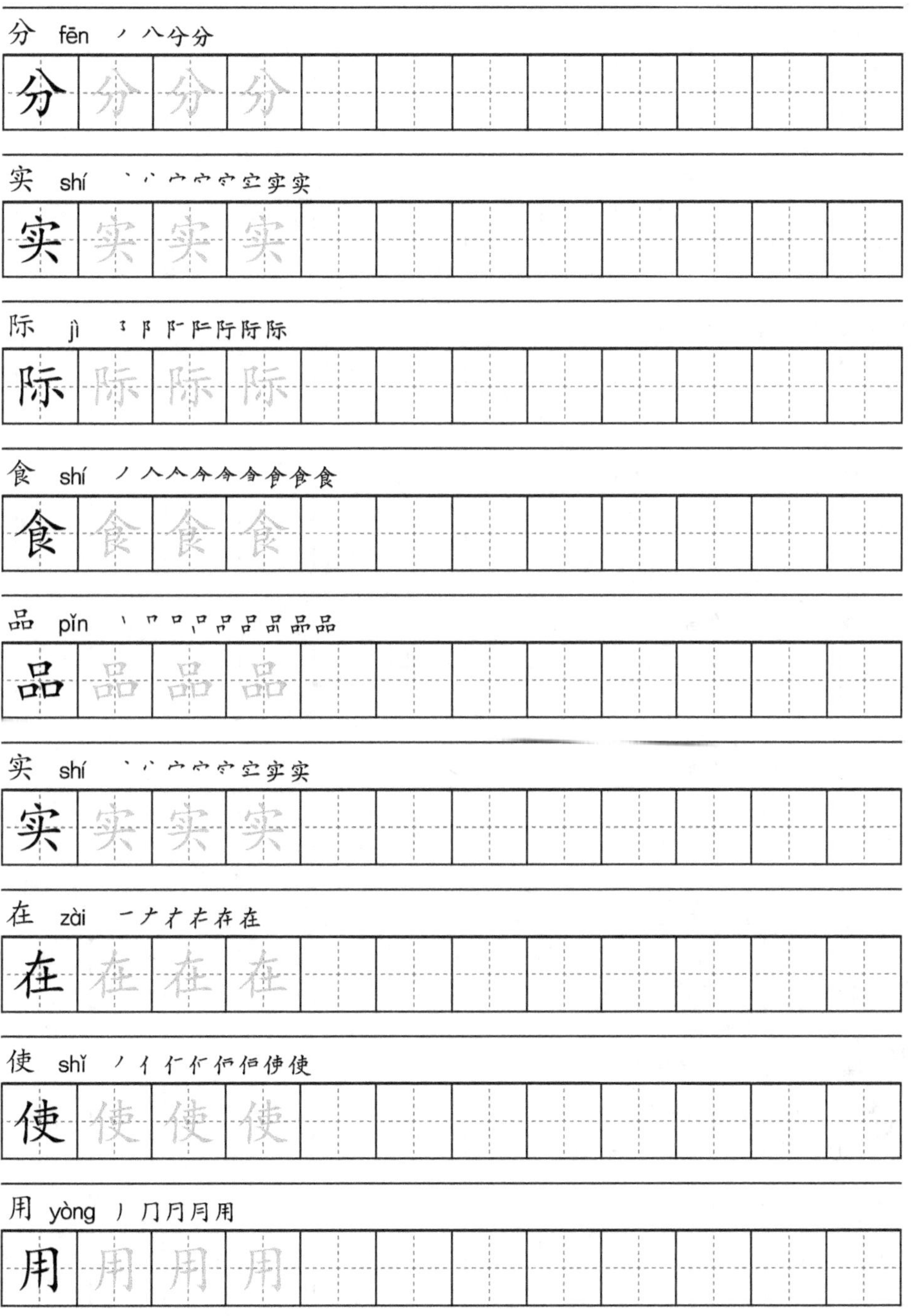

分 fēn ノ八分分

实 shí 丶丷宀宀宇实实

际 jì 阝阝阝阡阵际际

食 shí ノ人人今今食食食食

品 pǐn 丶口口口吕吕品品品

实 shí 丶丷宀宀宇实实

在 zài 一ナ才右存在

使 shǐ ノ亻亻仃仁伂使使

用 yòng ノ几月月用

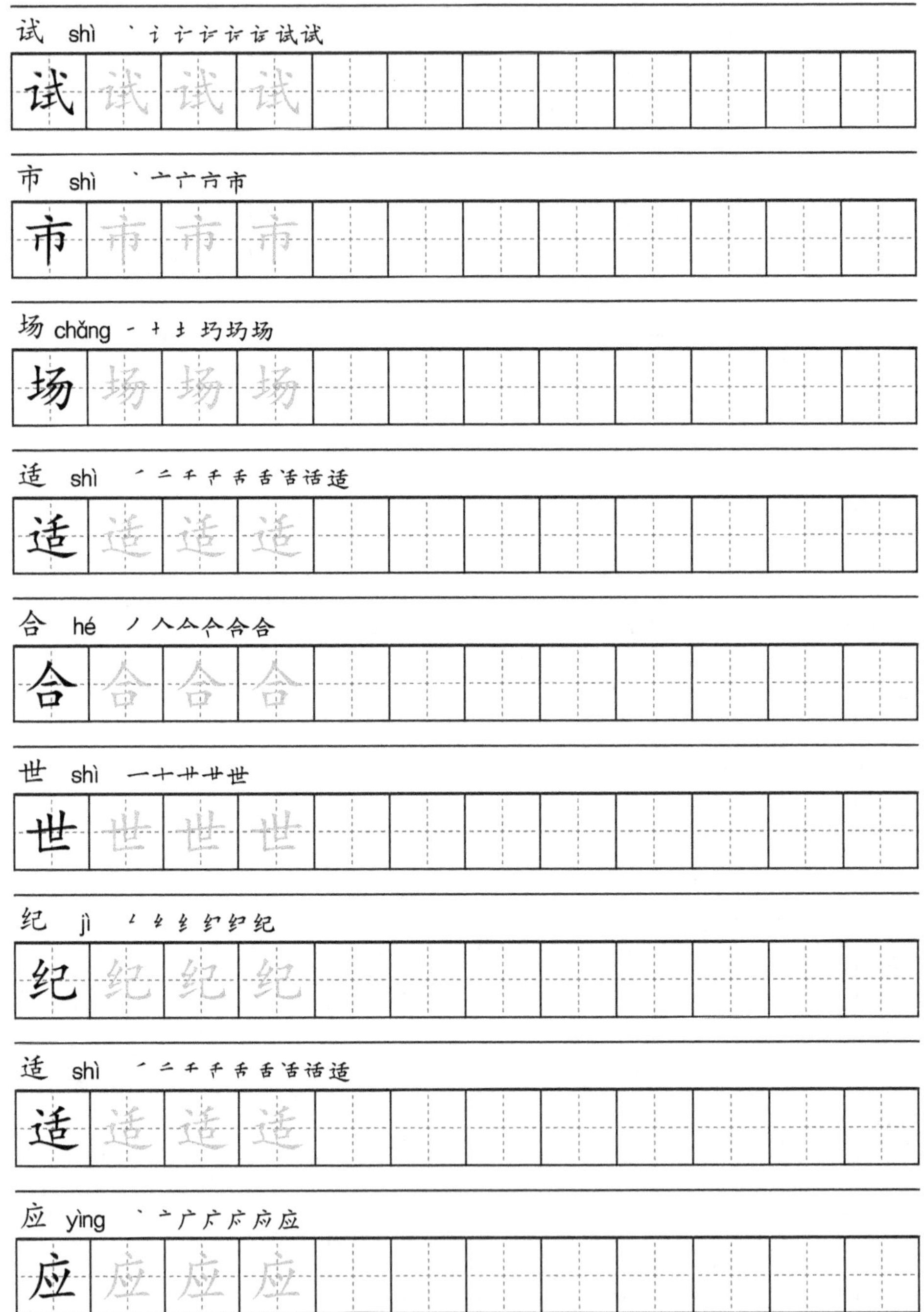

试 shì 丶讠讠讠讠讠试试
市 shì 丶亠亠市
场 chǎng 一十土场场场
适 shì 一二千千舌舌话话适
合 hé 丿人人人合合
世 shì 一十廿廿世
纪 jì 乙乡乡纟纪纪纪
适 shì 一二千千舌舌话话适
应 yìng 丶广广广应应应

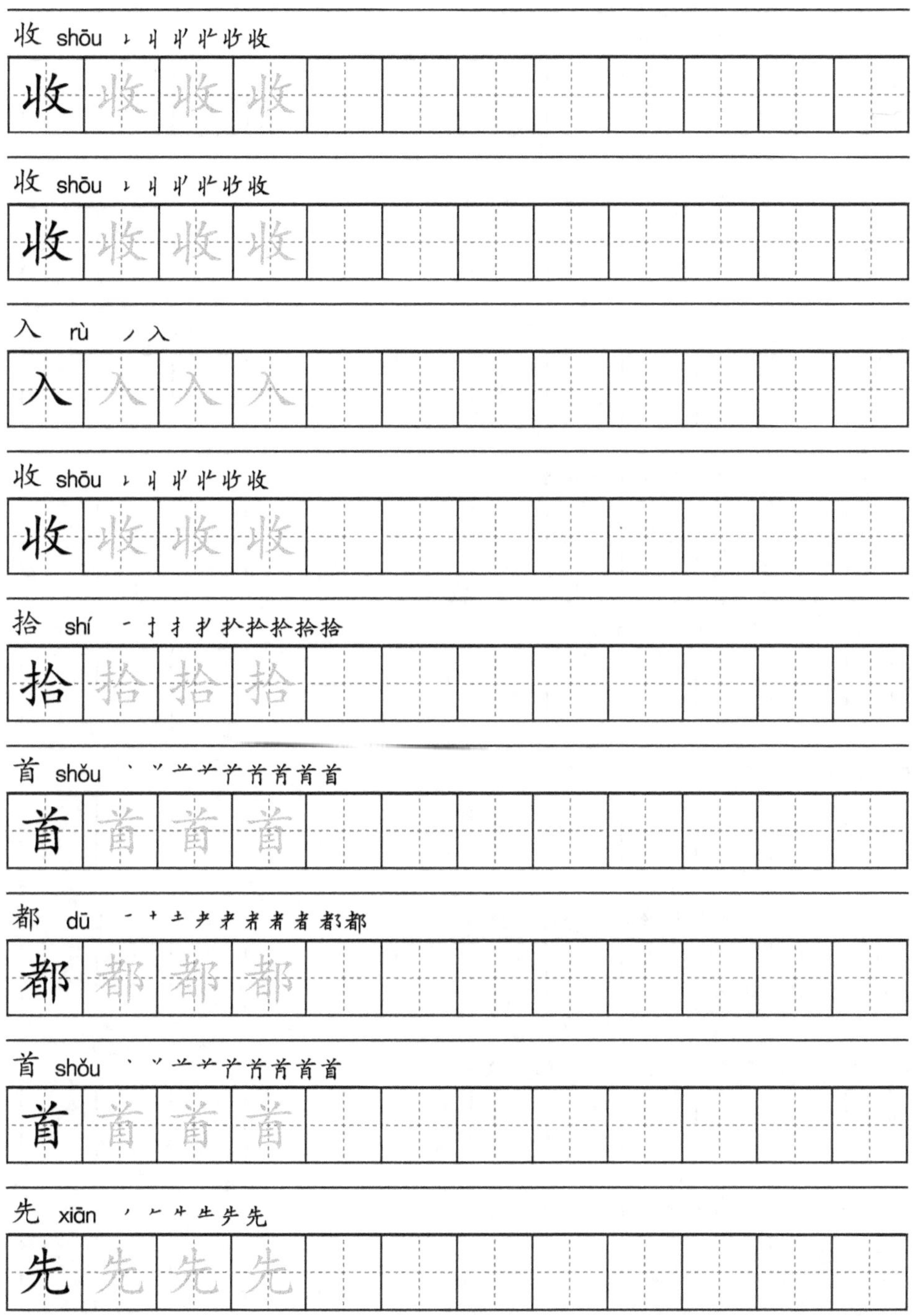

收 shōu ㇄ ㇄ 收 收 收 收
收 收 收 收
收 shōu ㇄ ㇄ 收 收 收 收
收 收 收 收
入 rù ㇒ 入
入 入 入 入
收 shōu ㇄ ㇄ 收 收 收 收
收 收 收 收
拾 shí 一 十 扌 扌 扒 扲 拾 拾
拾 拾 拾 拾
首 shǒu 丶 丷 䒑 䒑 产 首 首 首 首
首 首 首 首
都 dū 一 十 土 耂 耂 者 者 者 都 都
都 都 都 都
首 shǒu 丶 丷 䒑 䒑 产 首 首 首 首
首 首 首 首
先 xiān 丿 ㇒ 牛 生 先 先
先 先 先 先

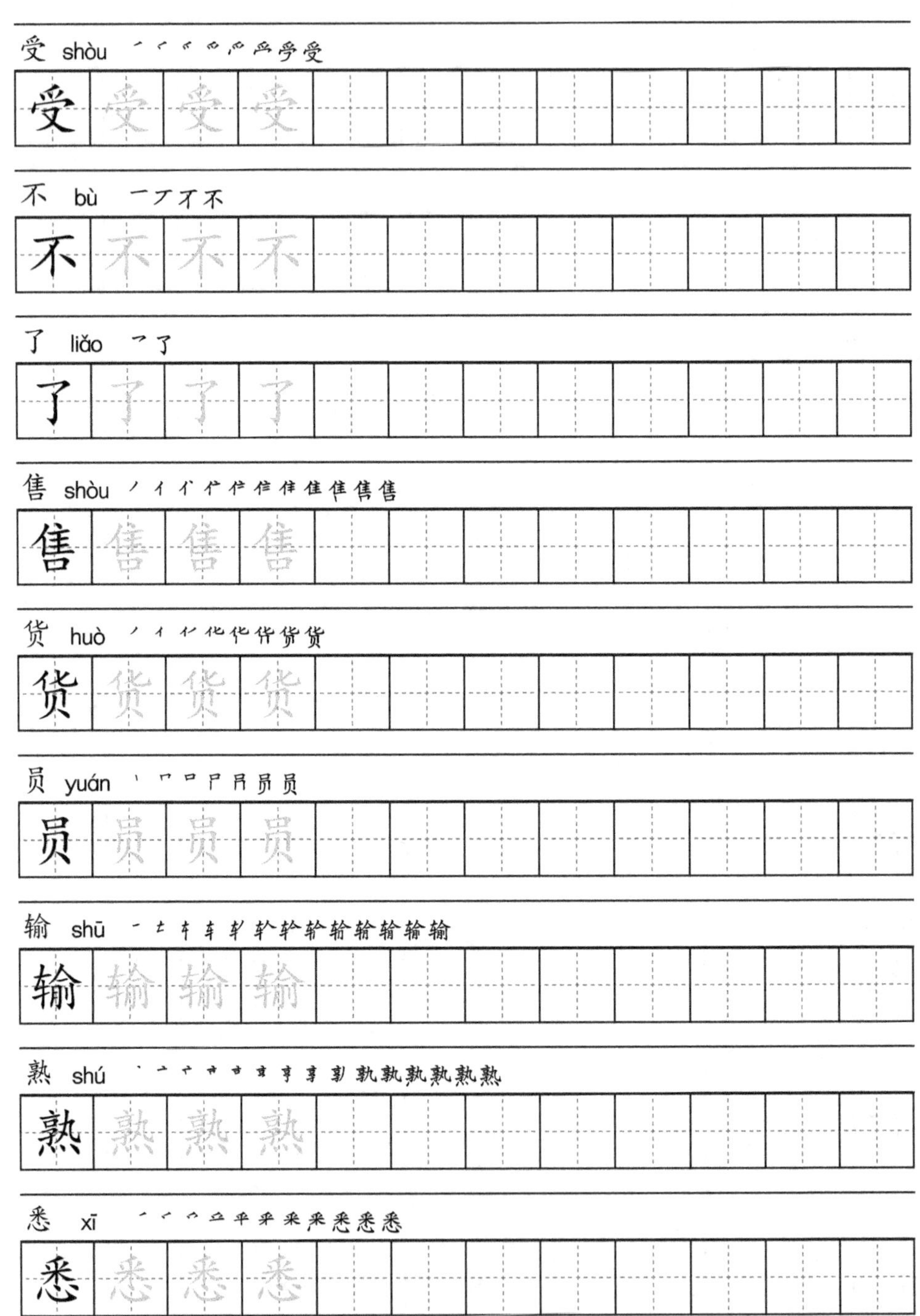

受 shòu 一　　　　　　　受受
不 bù 一ア不不
了 liǎo 了了
售 shòu ノイイイイ仁住佳佳售售
货 huò ノイイ化化伟货货
员 yuán 口口尸月员员
输 shū 一十车车车车轮轮轮轮输输
熟 shú 一十六古古亨亨享郭孰孰熟熟熟
悉 xī 一不不平平采采悉悉悉

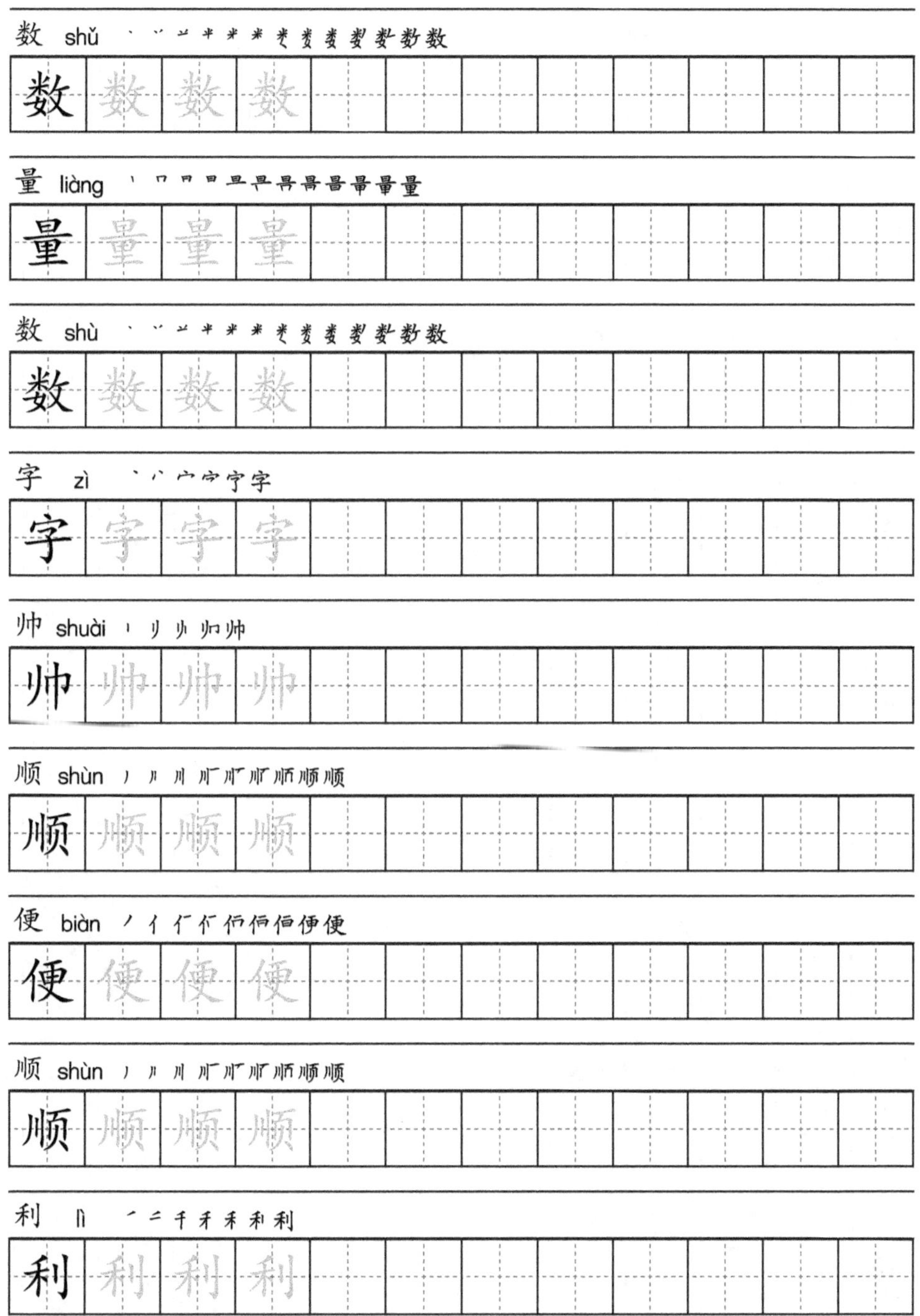

数 shǔ 、丶丷丷丷米米米娄娄娄数数数
量 liàng 、口曰曰旦旦昌昌昌昌量量
数 shù 、丶丷丷丷米米米娄娄娄数数数
字 zì 、丶宀宀宁字
帅 shuài 丨丬丬忉帅
顺 shùn 丿丿川川川顺顺顺顺
便 biàn 丿亻亻亻佰佰佰便便
顺 shùn 丿丿川川川顺顺顺顺
利 lì 丿一二千禾禾利利

顺 shùn　ノ ｊ 川 川 厂 厂 顺 顺 顺

顺

序 xù　丶 广 广 庐 庐 序

序

说 shuō　丶 讠 讠 讠 讧 说 说 说

说

明 míng　丨 冂 冃 日 刖 明 明 明

明

硕 shuò　一 ｱ 石 石 石 矿 矿 硕 硕 硕

硕

士 shì　一 十 士

士

死 sǐ　一 厂 歹 歹 歼 死

死

速 sù　一 厂 戸 戸 申 東 東 涑 涑 速

速

度 dù　丶 广 广 庐 庐 序 序 庹 度

度

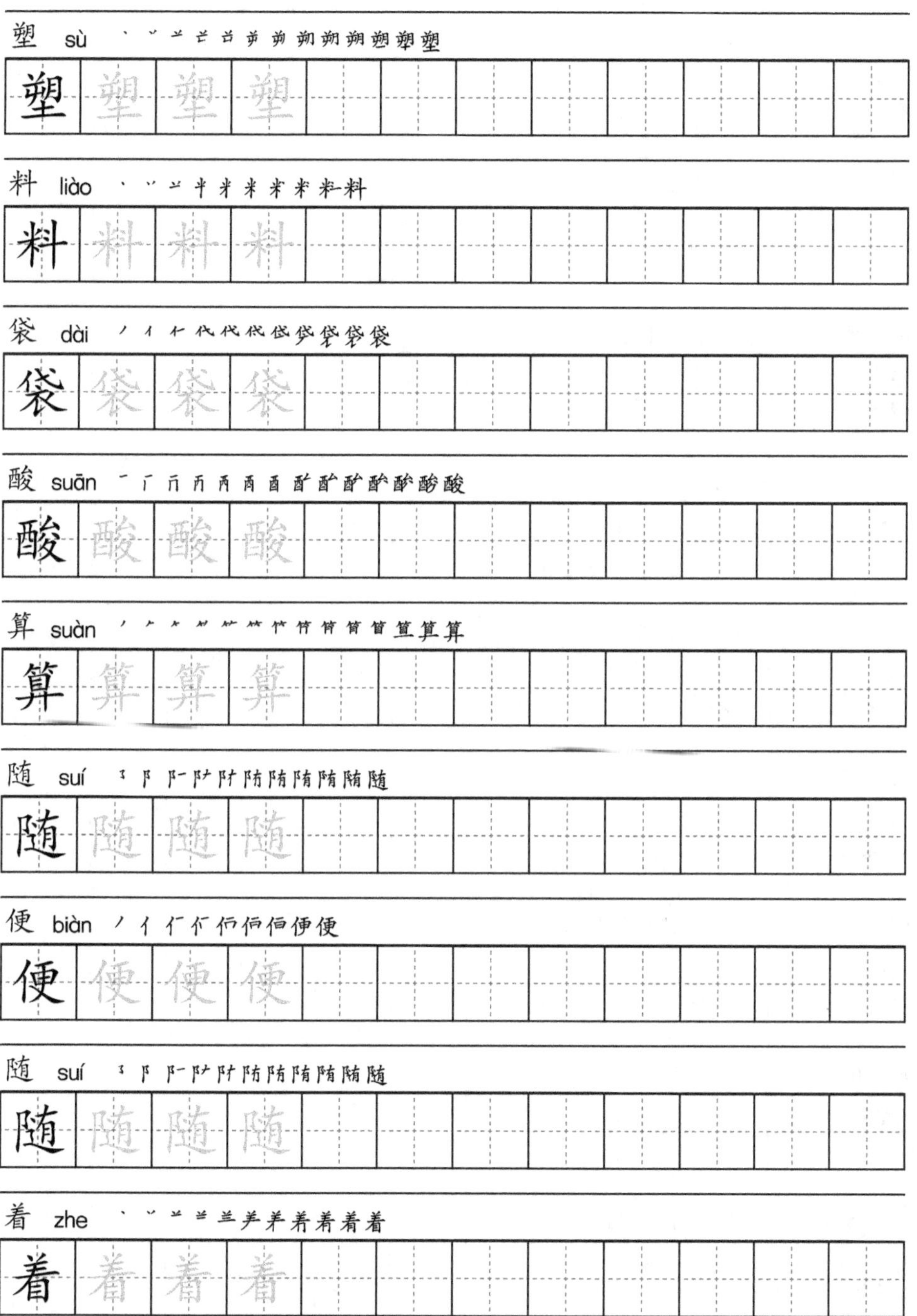

塑 sù 塑 塑 塑
料 liào 料 料 料
袋 dài 袋 袋 袋
酸 suān 酸 酸 酸
算 suàn 算 算 算
随 suí 随 随 随
便 biàn 便 便 便
随 suí 随 随 随
着 zhe 着 着 着

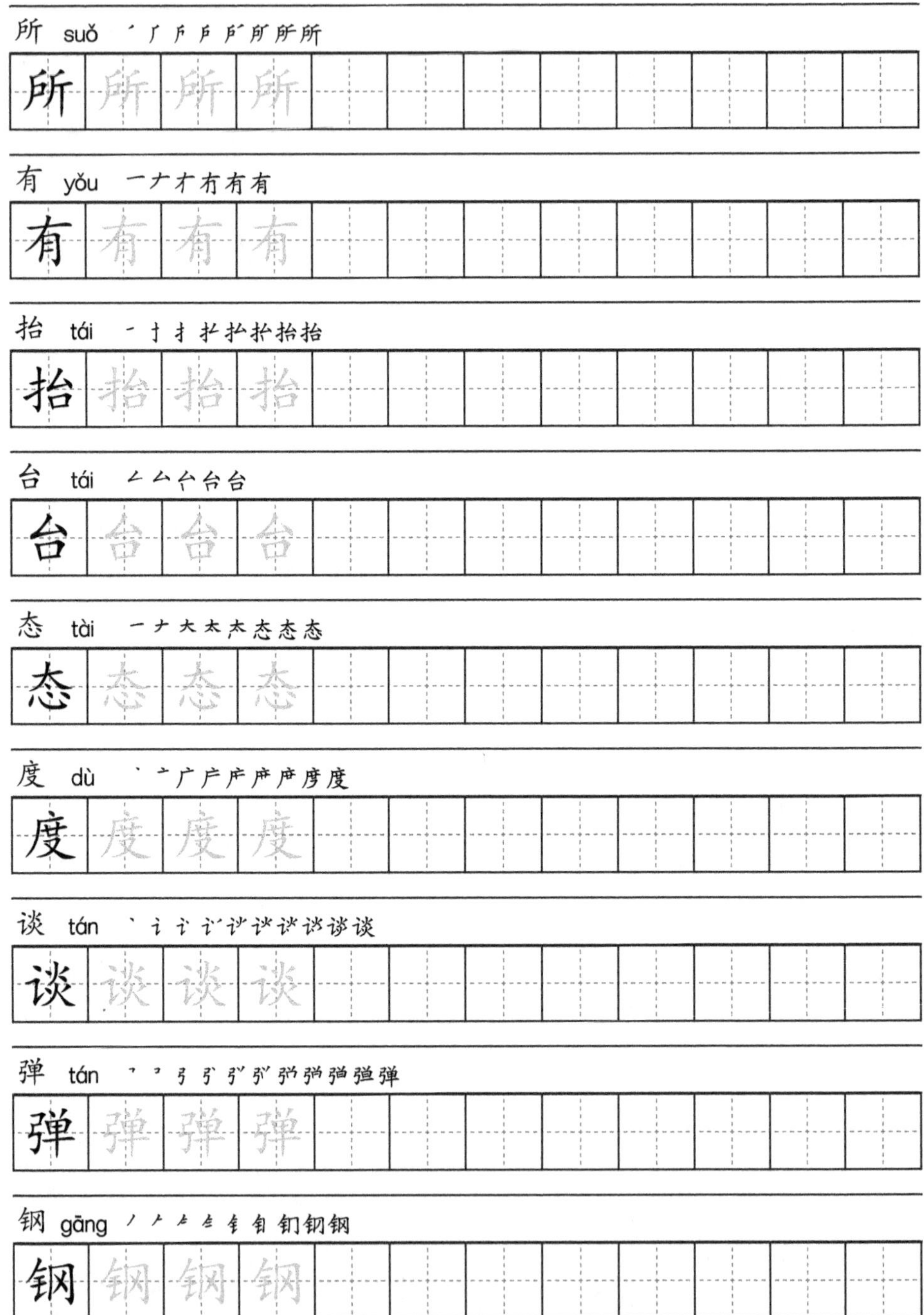

所 suǒ ＇ 丆 F F 所 所 所 所
所

有 yǒu 一 ナ 才 有 有 有
有

抬 tái 一 丁 扌 扩 扩 扩 抬 抬
抬

台 tái ﹗ ム 台 台 台
台

态 tài 一 ナ 大 太 态 态 态 态
态

度 dù ＇ 广 广 广 庐 庐 庐 度 度
度

谈 tán ＇ 讠 讠 讠 诈 谈 谈 谈 谈 谈
谈

弹 tán ＇ ＇ 弓 弓 弓 弭 弹 弹 弹 弹
弹

钢 gāng ノ ノ 钅 钅 钅 钊 钢 钢 钢
钢

琴 qín	一 二 千 王 刃 玨 玞 刃 玕 珡 琴
汤 tāng	、 、 氵 汋 汤 汤
躺 tǎng	丿 亻 凢 刁 片 身 身 身 身 身 躯 躯 躺 躺
讨 tǎo	、 讠 讠 讨 讨
论 lùn	、 讠 讠 论 论 论
讨 tǎo	、 讠 讠 讨 讨
厌 yàn	一 厂 厂 厌 厌 厌
特 tè	丿 丬 丬 牛 牛 牜 牸 特 特 特
点 diǎn	丨 卜 占 占 点 点 点 点

提 tí 一十才扩护护捏捍捍提提
提 提 提 提

供 gōng ノイ仁仁什供供供
供 供 供 供

提 tí 一十才扩护护捏捍捍提提
提 提 提 提

前 qián 丶丷兴产产前前前前
前 前 前 前

提 tí 一十才扩护护捏捍捍提提
提 提 提 提

醒 xǐng 一厂厅万两西酉酉酌酲酲酲酲醒醒
醒 醒 醒 醒

填 tián 一十土圹圹圹埴埴埴填填填
填 填 填 填

空 kòng 丶丷宀宀穴空空空
空 空 空 空

条 tiáo ノク冬冬冬条条
条 条 条 条

情 qíng 丶丷忄忄忄忄忄情情情情

推 tuī 一丨扌扌扌扩扩护推推推

推 tuī 一丨扌扌扌扩扩护推推推

迟 chí 乛⁊尸尺尺识迟

脱 tuō 丿刀月月月肜肜肜肜肜脱

袜 wà 丶⁊礻礻礻礻礻衤衤袜

子 zi 乛了子

完 wán 丶丷宀宁宇完

全 quán 丿入仐仐仐全全

往 wǎng ノ ク 彳 彳 彳 往 往
往 往 往 往

网 wǎng 丨 冂 冈 冈 网 网
网 网 网 网

球 qiú 一 二 干 王 玉 玗 玚 玚 球 球 球
球 球 球 球

往 wǎng ノ ク 彳 彳 彳 往 往
往 往 往 往

往 wǎng ノ ク 彳 彳 彳 往 往
往 往 往 往

网 wǎng 丨 冂 冈 冈 网 网
网 网 网 网

站 zhàn 丶 亠 ナ 立 立 立 站 站 站
站 站 站 站

危 wēi ノ 广 产 产 产 危
危 危 危 危

险 xiǎn ヌ 阝 阝 阶 险 险 险 险
险 险 险 险

味 wèi 丶丿口叮叮吀咔味

味　味　味　味

道 dào 丶丷丷丷产首首首首道道

道　道　道　道

温 wēn 丶丶氵氵汨汨沮淠淠温温温

温　温　温　温

度 dù 丶广广产产庐庐度度

度　度　度　度

文 wén 丶亠ナ文

文　文　文　文

章 zhāng 丶亠产立产音音音童章

章　章　章　章

握 wò 一十扌扩护护护捏捏握握握

握　握　握　握

手 shǒu 一二三手

手　手　手　手

污 wū 丶丶氵汗污污

污　污　污　污

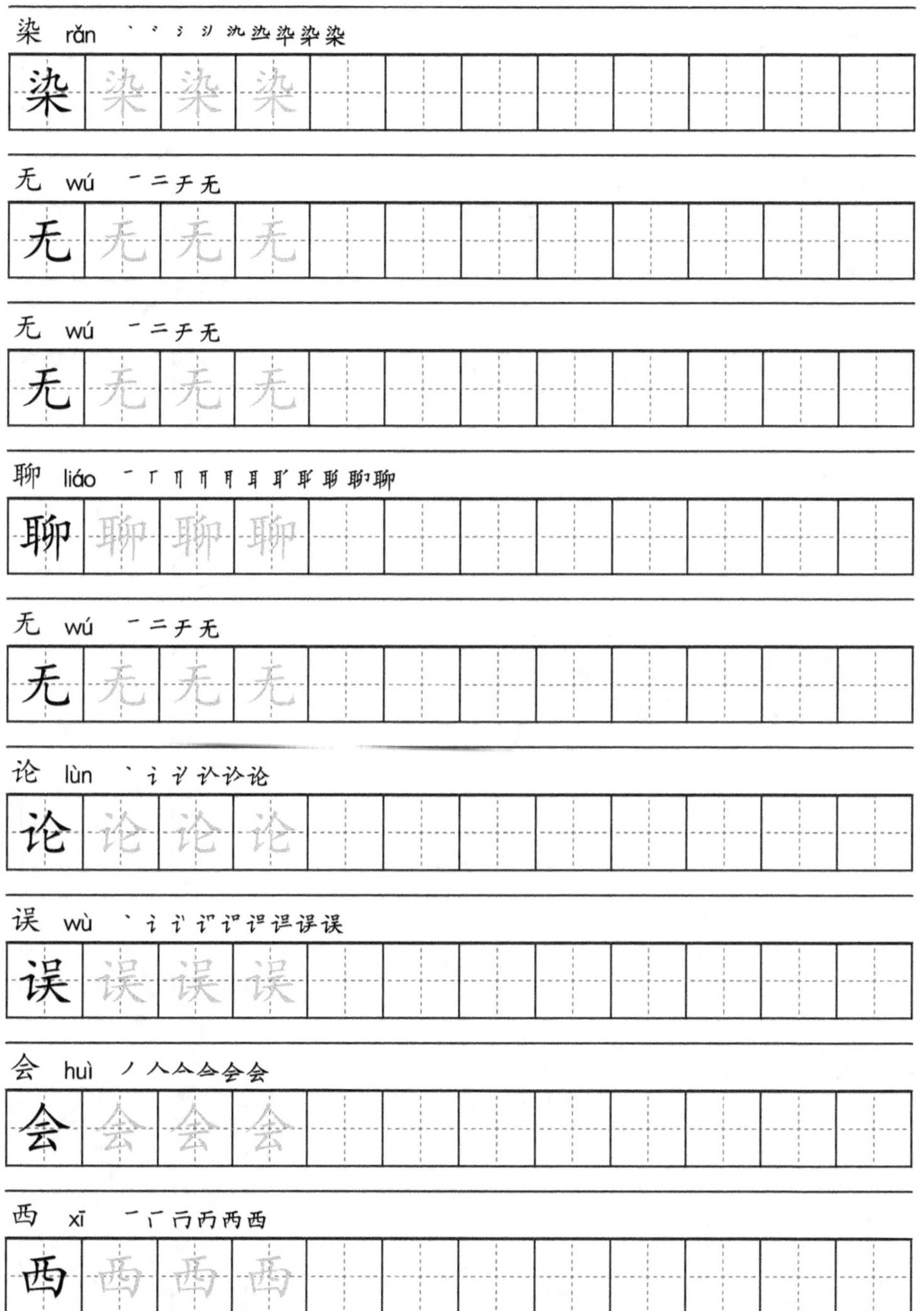

染 rǎn 丶丶氵氿沩染染染
无 wú 一二于无
无 wú 一二于无
聊 liáo 一丆丌丬月耳耳耵聊聊
无 wú 一二于无
论 lùn 丶讠论论论
误 wù 丶讠讠讠讠误误误
会 huì 丿人人会会会
西 xī 一丆丙西西西

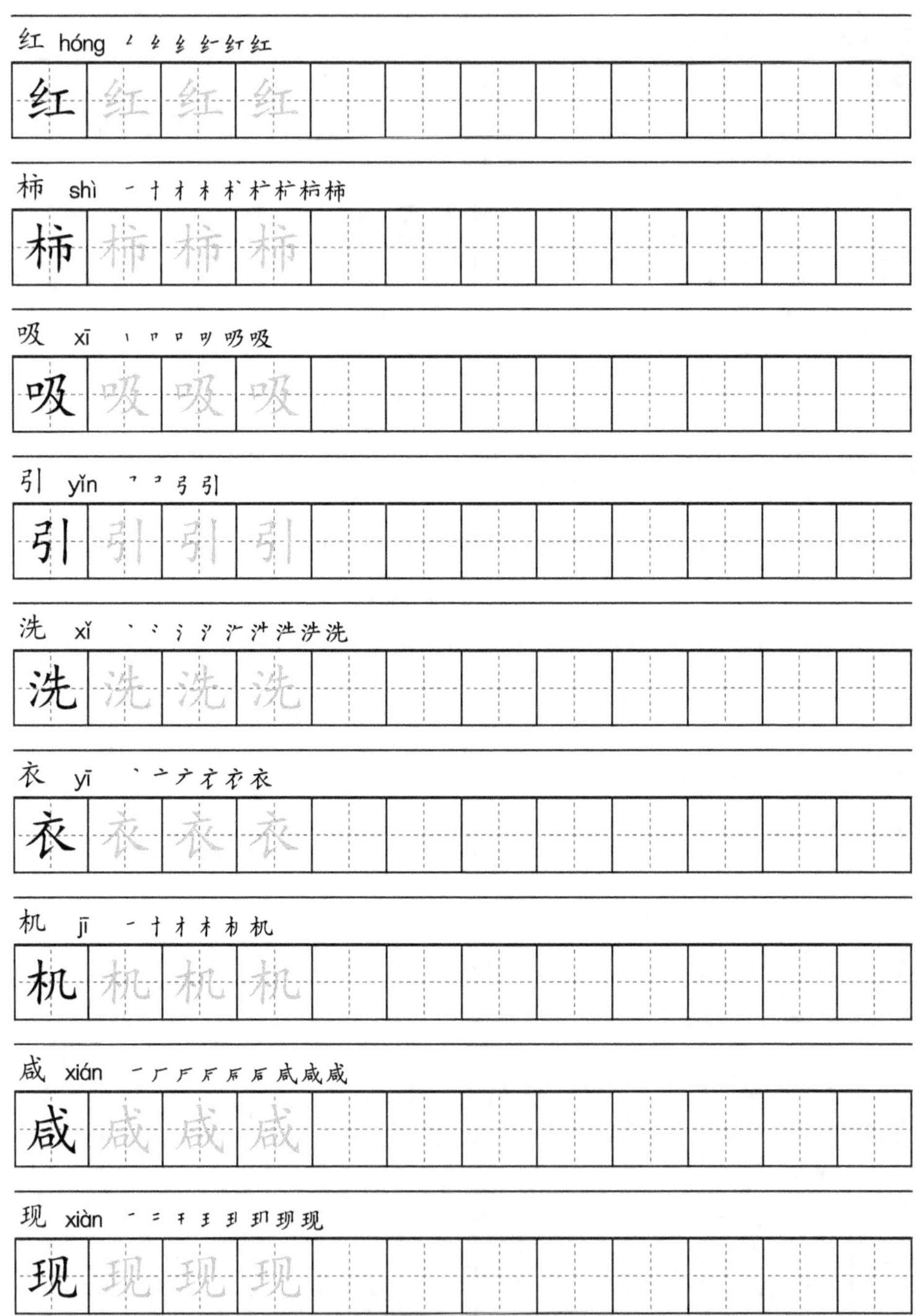

红 hóng ㇀ ㇜ 纟 纟 纟 红 红

柿 shì 一 十 才 木 术 术 杧 杧 柿

吸 xī 丨 丨 口 口 吵 吸

引 yǐn ㇇ 彐 弓 引

洗 xǐ 丶 丶 氵 氵 汫 汫 洴 洗 洗

衣 yī 丶 一 广 才 衣 衣

机 jī 一 十 才 木 朾 机

咸 xián 一 厂 厂 厂 戌 咸 咸 咸 咸

现 xiàn 一 二 千 王 玑 珇 玚 现

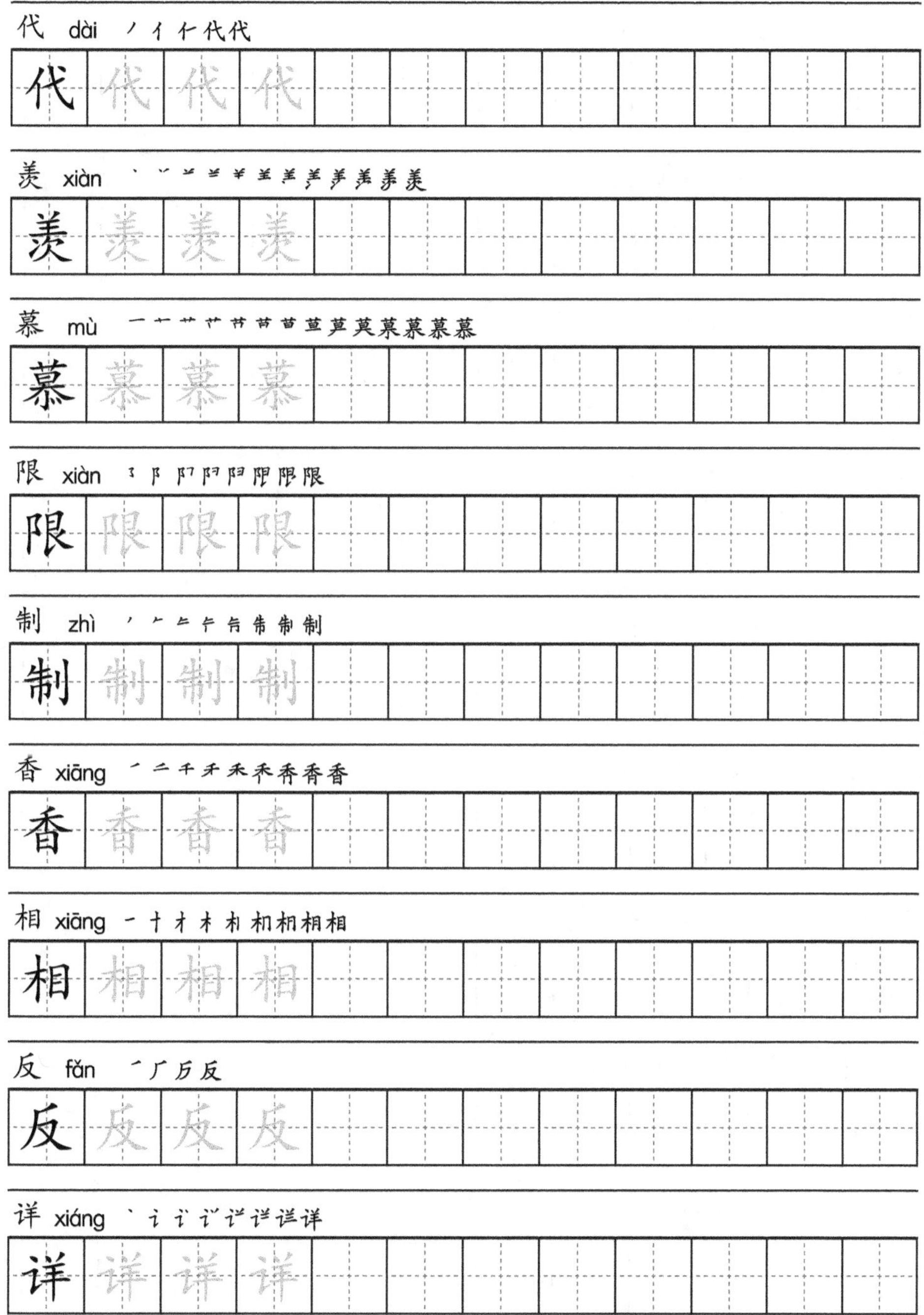

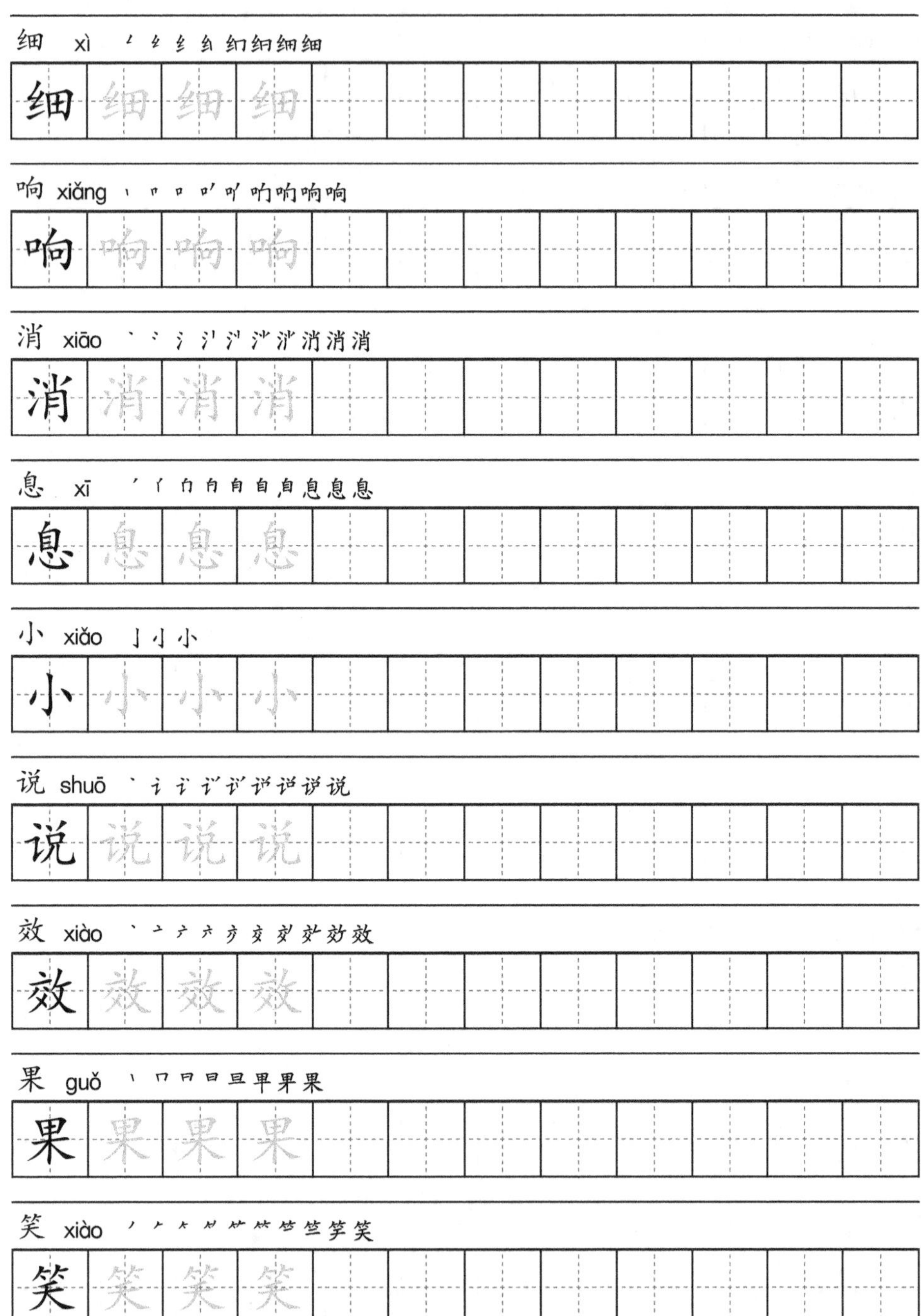

细 xì　ㄥ ㄥ ㄠ ㄠ 纟 纟 细 细 细

细　细　细　细

响 xiǎng　丶 丷 口 叮 叮 叮 响 响 响

响　响　响　响

消 xiāo　丶 丷 氵 氵 氵 沙 沙 消 消 消

消　消　消　消

息 xī　丿 亻 冂 冎 自 自 自 息 息 息

息　息　息　息

小 xiǎo　亅 小 小

小　小　小　小

说 shuō　丶 讠 讠 讦 说 说 说 说 说 说

说　说　说　说

效 xiào　丶 亠 六 方 交 交 效 效 效 效

效　效　效　效

果 guǒ　丶 冂 日 日 旦 甲 果 果

果　果　果　果

笑 xiào　丿 丿 丶 丷 丛 竺 竺 竺 笺 笑 笑

笑　笑　笑　笑

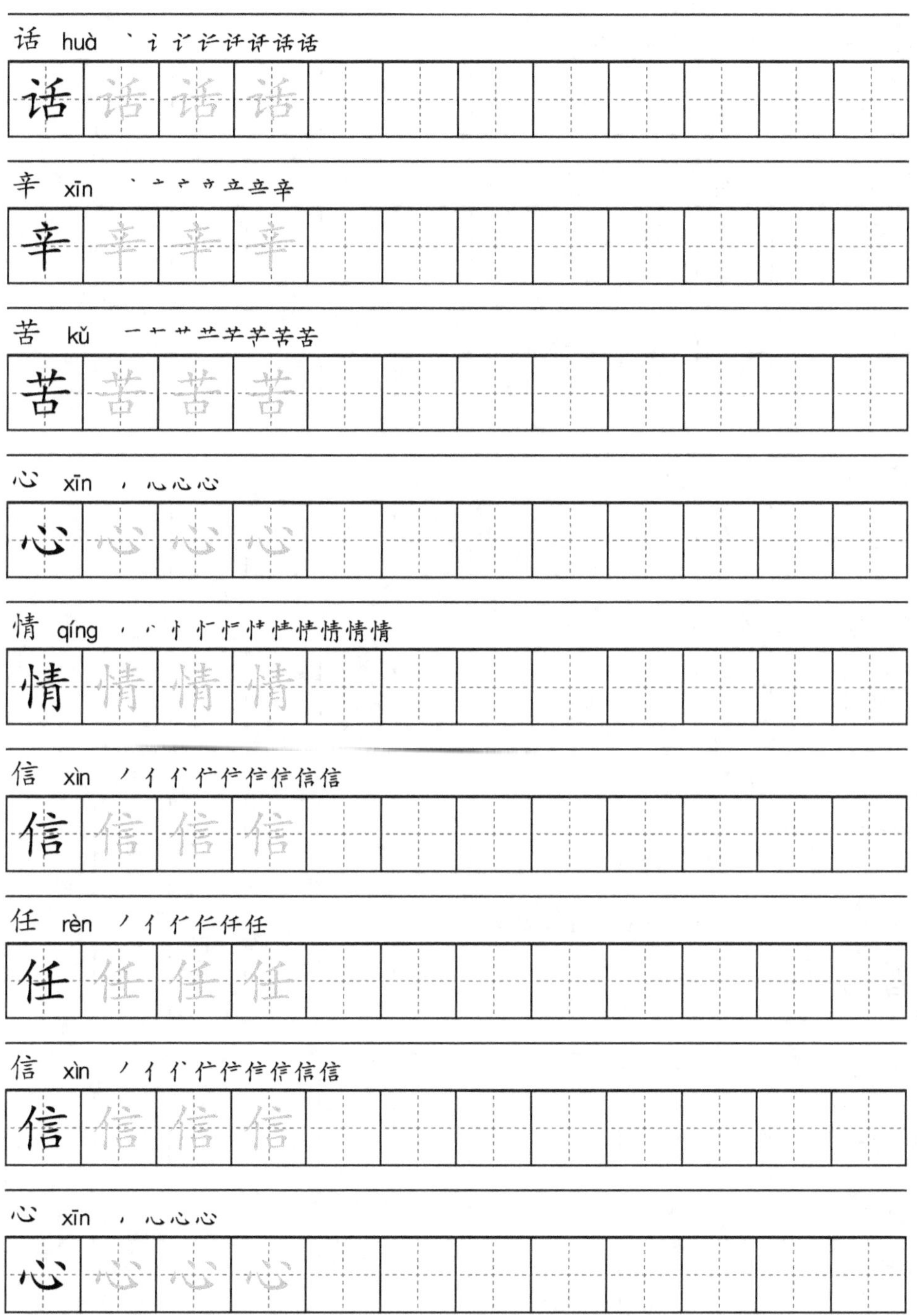

话 huà 　丶 讠 讠 讠 讠 话 话 话

辛 xīn 　丶 亠 产 立 立 辛

苦 kǔ 　一 十 艹 艹 艹 苦 苦 苦

心 xīn 　丶 心 心 心

情 qíng 　丶 丷 忄 忄 忄 忄 情 情 情 情

信 xìn 　丿 亻 亻 广 忄 信 信 信 信

任 rèn 　丿 亻 亻 仁 任 任

信 xìn 　丿 亻 亻 广 忄 信 信 信 信

心 xīn 　丶 心 心 心

信 xìn ノイ仁仁信信信信信

用 yòng ノ刀月月用

卡 kǎ 丨卜上卡卡

兴 xīng ヽ丶ツ兴兴兴

奋 fèn 一ナ大太存奋奋奋

行 xíng ノ彳彳彳行行

醒 xǐng 一厂厂丙丙丙酉酉酉酉酉酉酉醒醒醒

性 xìng ヽ丷忄忄忄忄性性

别 bié 丷口口另别别

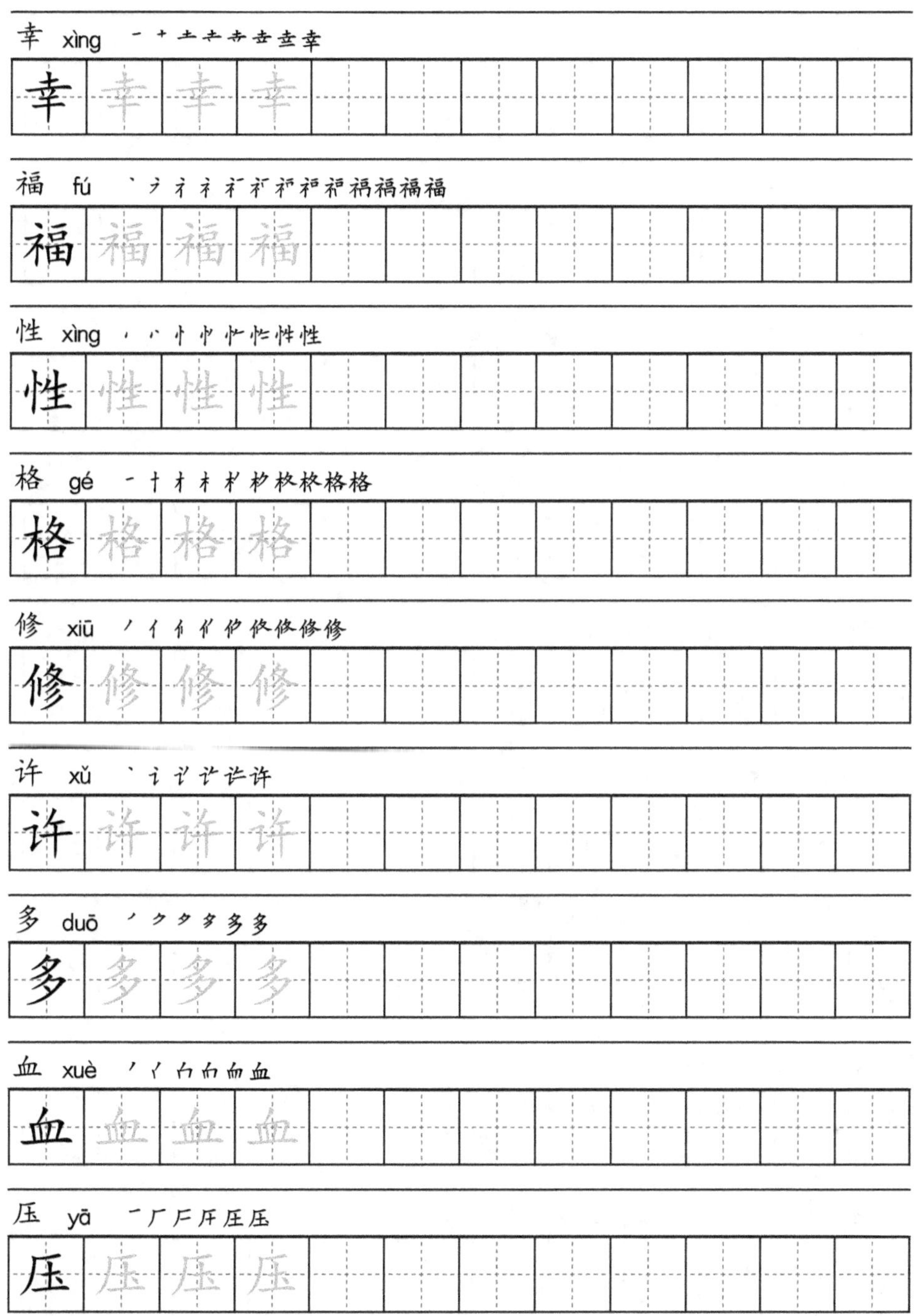

幸 xìng 一十土土古击查幸
福 fú 丶ァネネネネ祠祠祸福福福
性 xìng 丶丶忄忄忄忄性性
格 gé 一十才木木杉松格格格
修 xiū 丿亻伫伫伫修修修
许 xǔ 丶讠讠许许许
多 duō 丿夕夕夕多多
血 xuè 丿丿白血血血
压 yā 一厂厂压压压

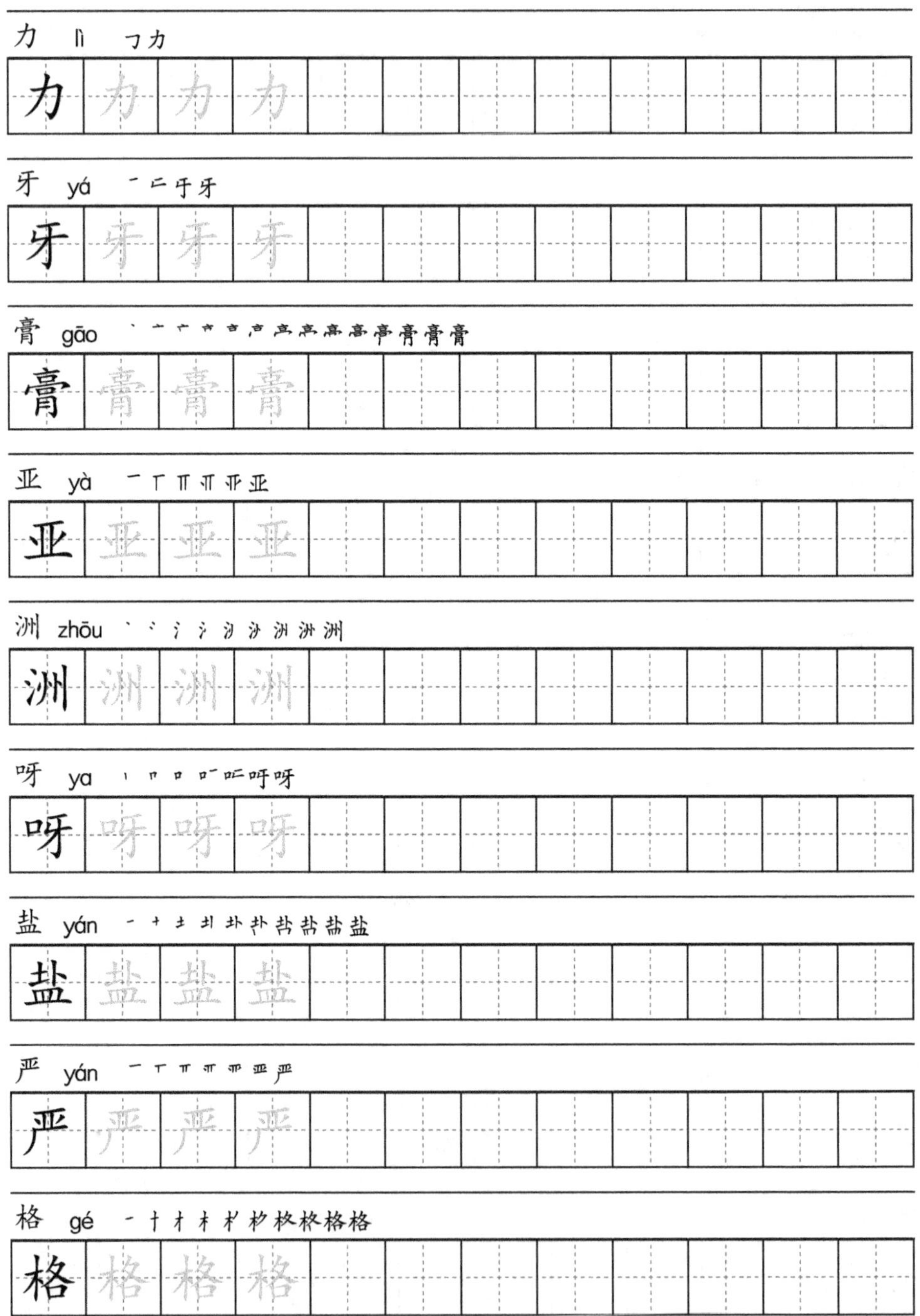

力 lì　ㄅ　フ力

牙 yá　一 二 于 牙

膏 gāo　丶 亠 宀 古 声 产 高 高 高 亭 膏 膏 膏

亚 yà　一 丁 丌 邪 亚 亚

洲 zhōu　丶 丶 氵 氵 汀 汀 洲 洲 洲

呀 ya　丨 丨 口 口 口 呀 呀

盐 yán　一 十 土 圤 圤 圤 盐 盐 盐 盐

严 yán　一 丆 丌 邧 严 亚 严

格 gé　一 十 才 才 杉 杉 枚 枚 格 格

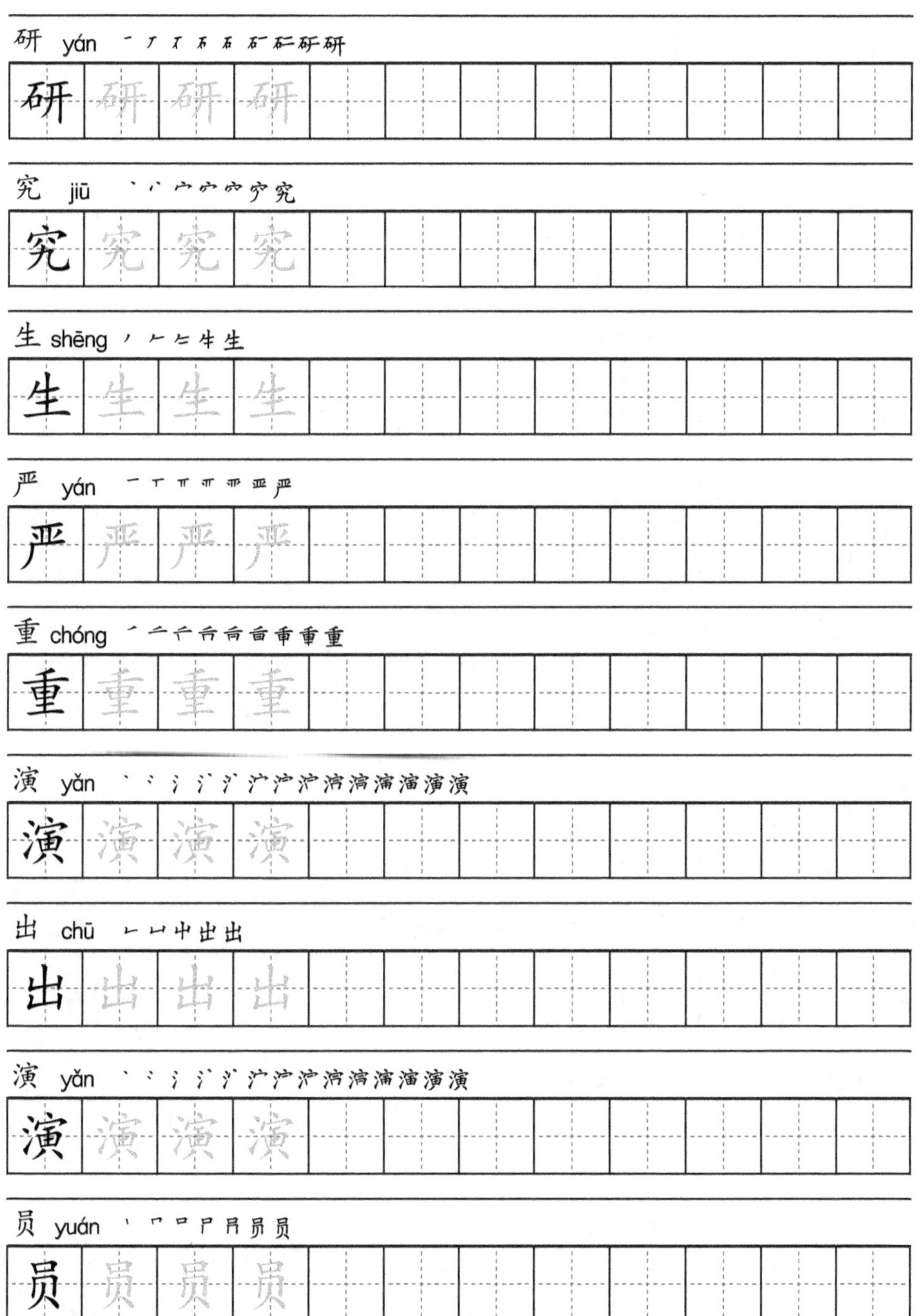

阳 yáng　阝阝阳阳阳阳

阳　阳　阳　阳

光 guāng　丨丨丷丷丷光

光　光　光　光

养 yǎng　丶丷丷兰兰羊关养养

养　养　养　养

成 chéng　一厂厅成成成

成　成　成　成

样 yàng　一十才木木栏栏栏样

样　样　样　样

子 zǐ　乛了子

子　子　子　子

邀 yāo　丿亻癿皁白白身身身敫敫敫邀邀

邀　邀　邀　邀

请 qǐng　丶讠讠讠讠请请请请

请　请　请　请

钥 yào　丿仁仁钅钅钥钥钥

钥　钥　钥　钥

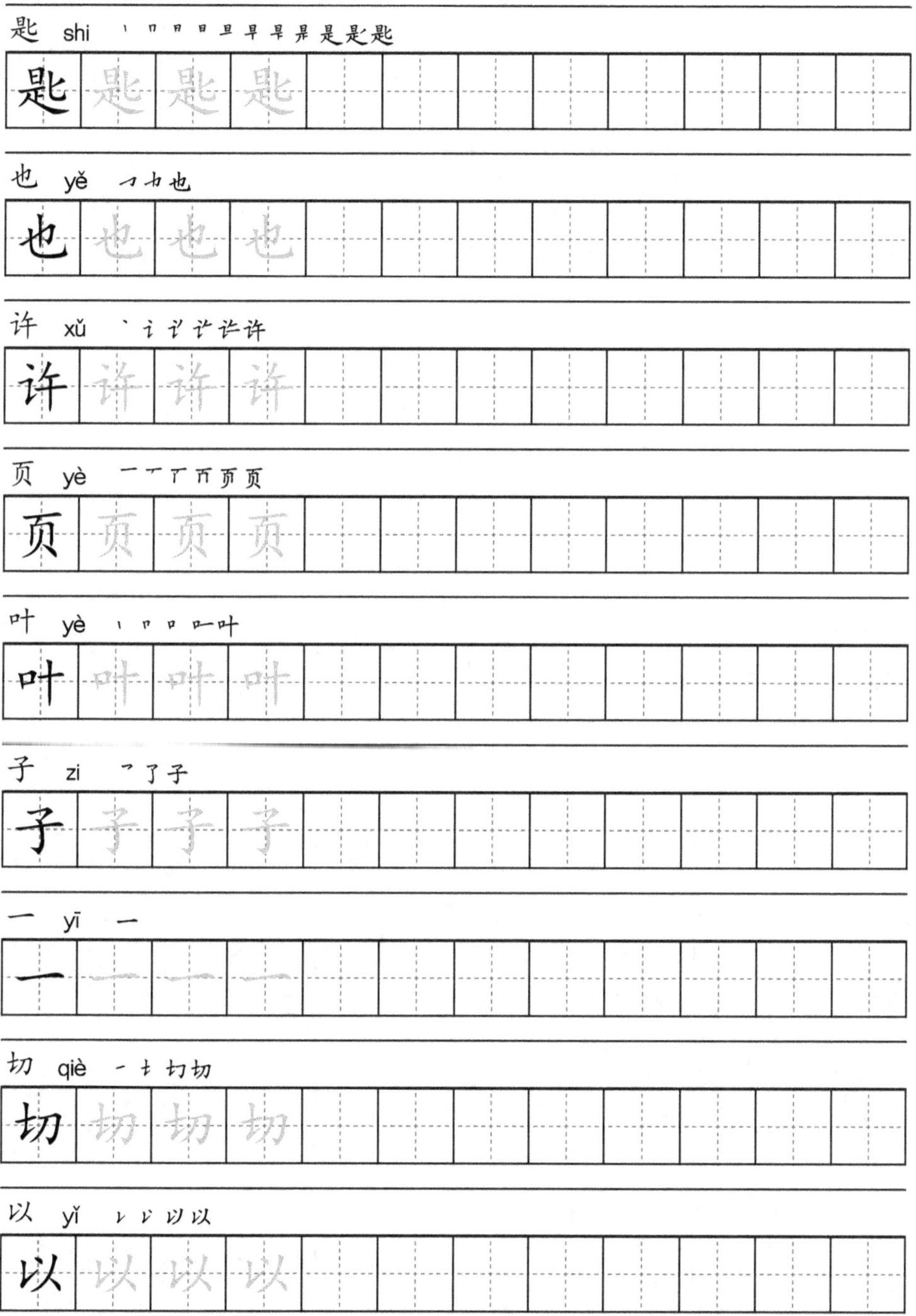

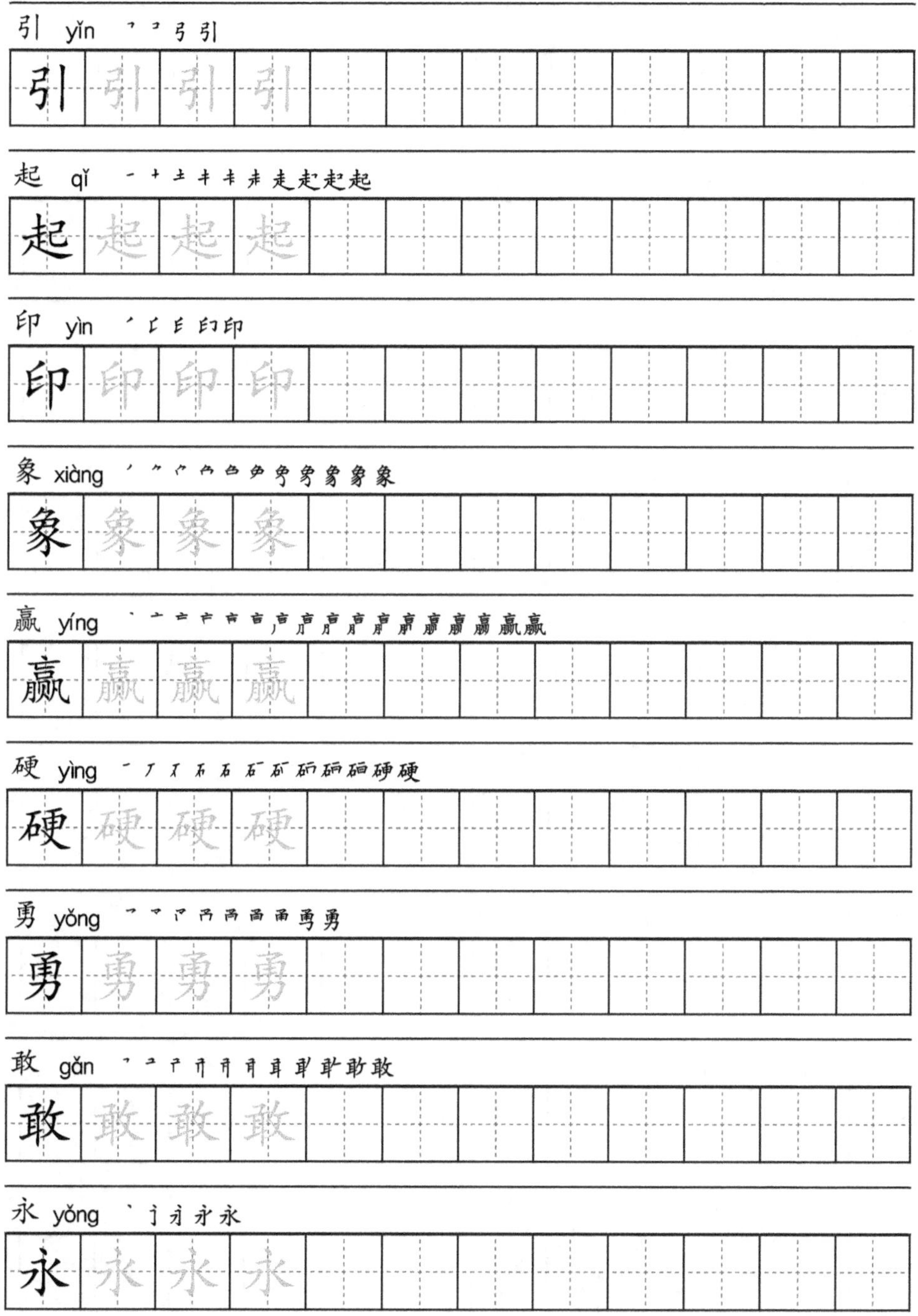

引 yǐn 乛丨弓引
起 qǐ 一十土卡走走起起
印 yìn 乀匕乍印印
象 xiàng 宀宀宀冎冎多乌身身象象
赢 yíng 亠十二宀宀亩亩亩亩亩赢赢赢赢赢
硬 yìng 一丆丆石石石矿矿砸砸硬硬
勇 yǒng 乛乛乛丙丙甬甬勇勇
敢 gǎn 乛丆丆耵月月耳耵敢敢敢
永 yǒng 丶了丁永永

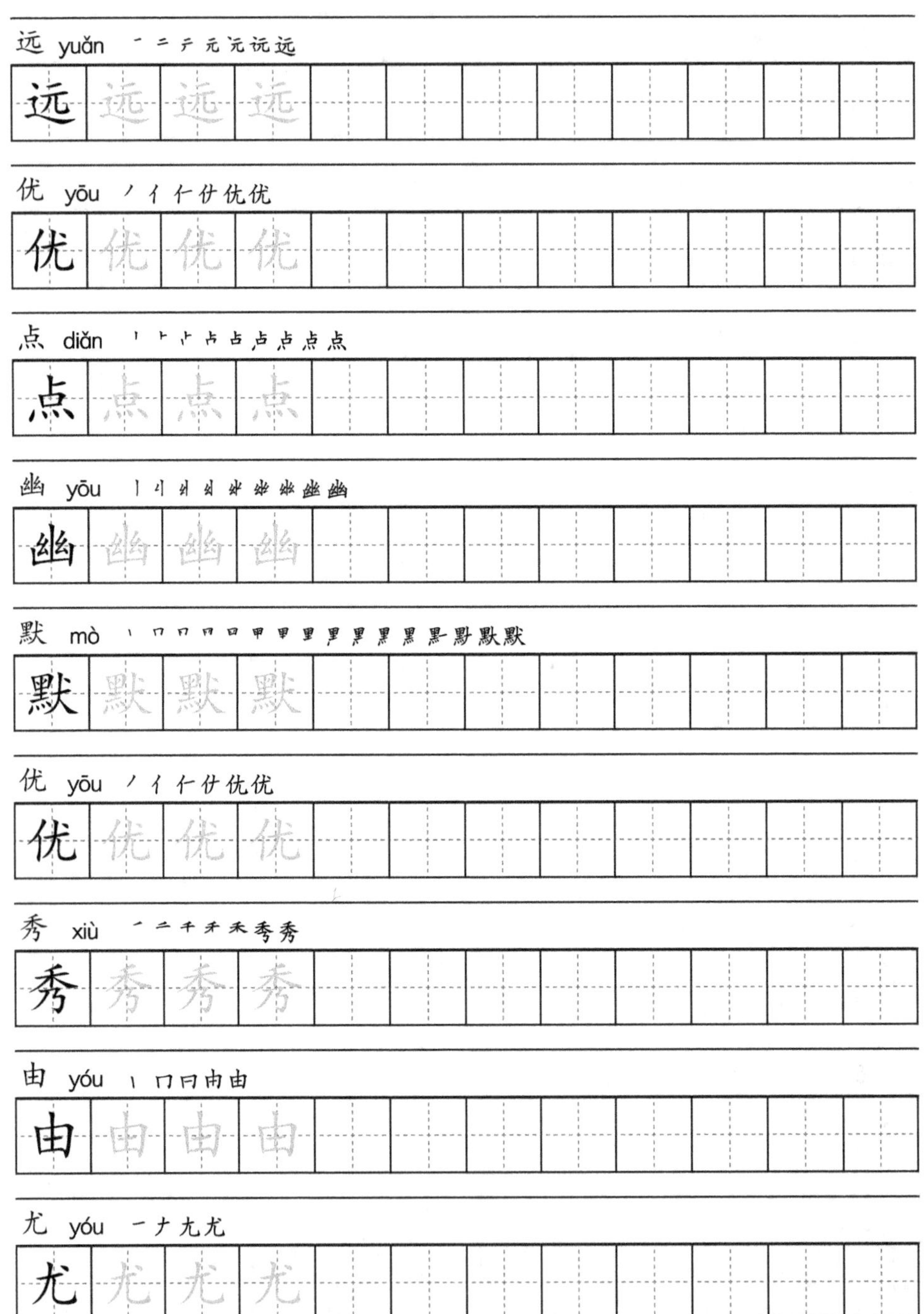

远 yuǎn 一 二 テ 元 元 远 远
优 yōu ノ イ 亻 仕 优 优
点 diǎn 丶 卜 占 占 占 点 点 点 点
幽 yōu 丨 丩 纠 幻 出 幽 幽 幽 幽
默 mò 丶 口 口 四 口 甲 甲 里 里 黑 黑 黑 黑 黙 默 默
优 yōu ノ イ 亻 仕 优 优
秀 xiù 一 二 千 禾 禾 秀 秀
由 yóu 丨 口 日 由 由
尤 yóu 一 ナ 尢 尤

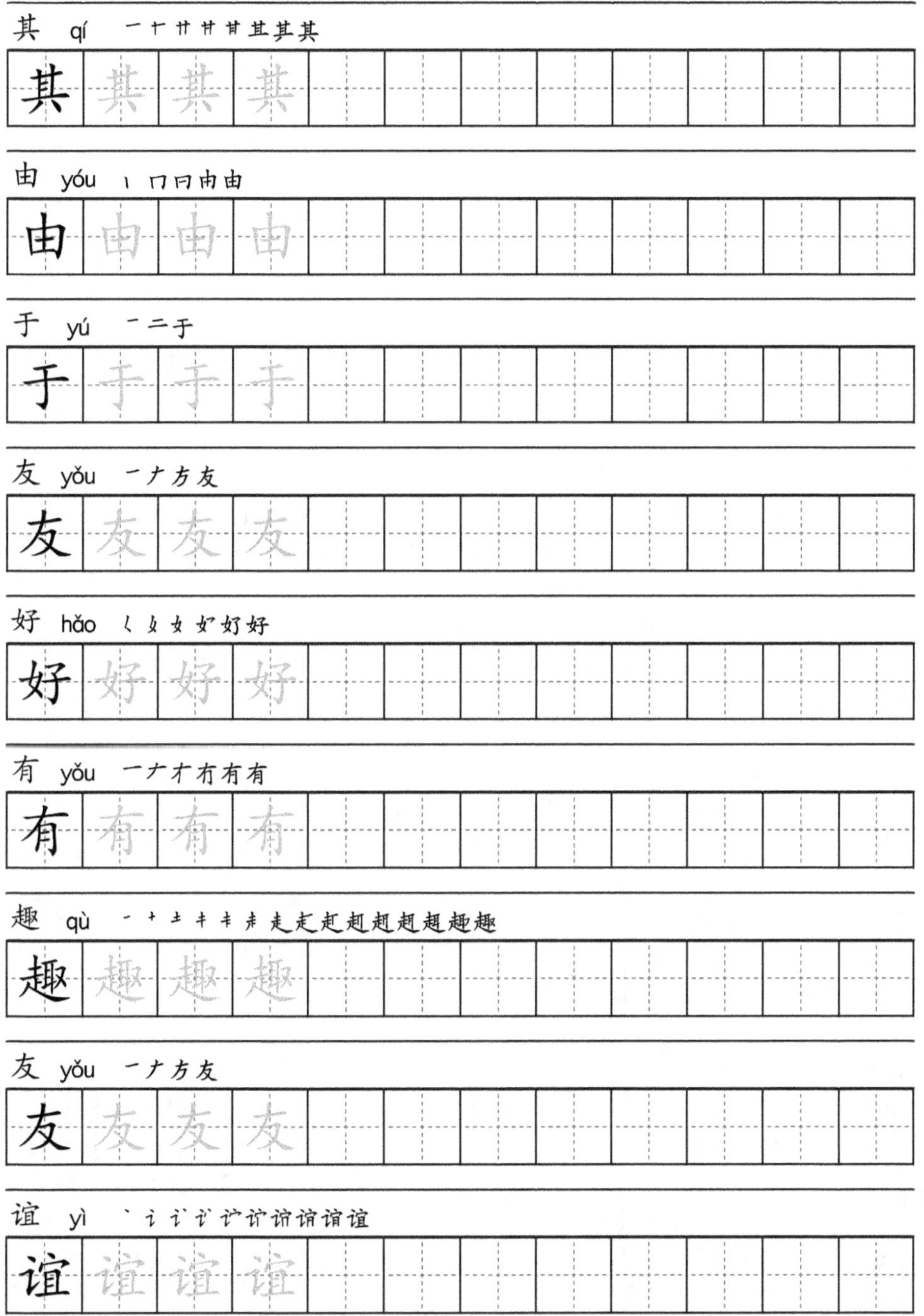

其 qí 一 十 廿 甘 甘 其 其 其

由 yóu 丨 冂 日 由 由

于 yú 一 二 于

友 yǒu 一 ナ 方 友

好 hǎo ㄑ ㄠ 女 女 奻 好

有 yǒu 一 ナ 才 有 有 有

趣 qù 一 十 土 キ キ 走 走 走 起 起 起 起 趣 趣

友 yǒu 一 ナ 方 友

谊 yì 丶 讠 讠 讠 讠 讠 讠 讠 谊 谊

愉 yú ` ´ ㇀ 忄 忄 忄 忄 愉 愉 愉 愉 愉

愉 愉 愉 愉

快 kuài ` ´ ㇀ 忄 忄 快 快

快 快 快 快

于 yú 一 二 于

于 于 于 于

是 shì 丶 口 日 日 旦 早 早 是 是

是 是 是 是

语 yǔ 丶 讠 讠 讠 语 语 语 语 语

语 语 语 语

法 fǎ 丶 丶 氵 氵 汁 泮 法 法

法 法 法 法

羽 yǔ 乛 乛 汋 羽 羽 羽

羽 羽 羽 羽

毛 máo ㇓ 二 三 毛

毛 毛 毛 毛

球 qiú 一 二 三 王 王 玎 玎 玎 球 球 球

球 球 球 球

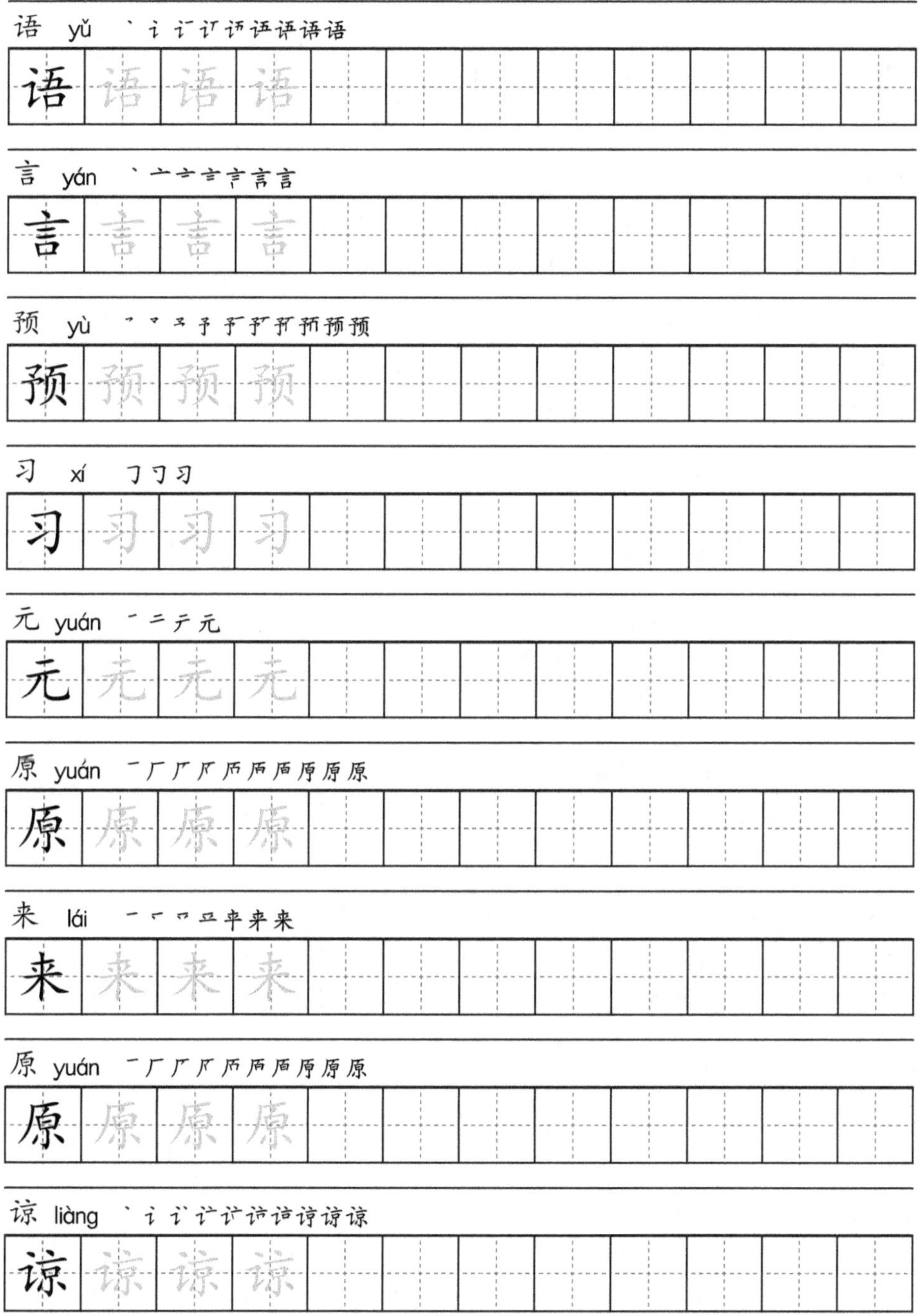

语 yǔ 、讠讠讠语语语语语
言 yán 、亠亠言言言言
预 yù 、マ豕予预预预预预预
习 xí 乛习习
元 yuán 一二テ元
原 yuán 一厂厂厂厂原原原原原
来 lái 一一一一平来来
原 yuán 一厂厂厂厂原原原原原
谅 liàng 、讠讠讠讠谅谅谅谅谅

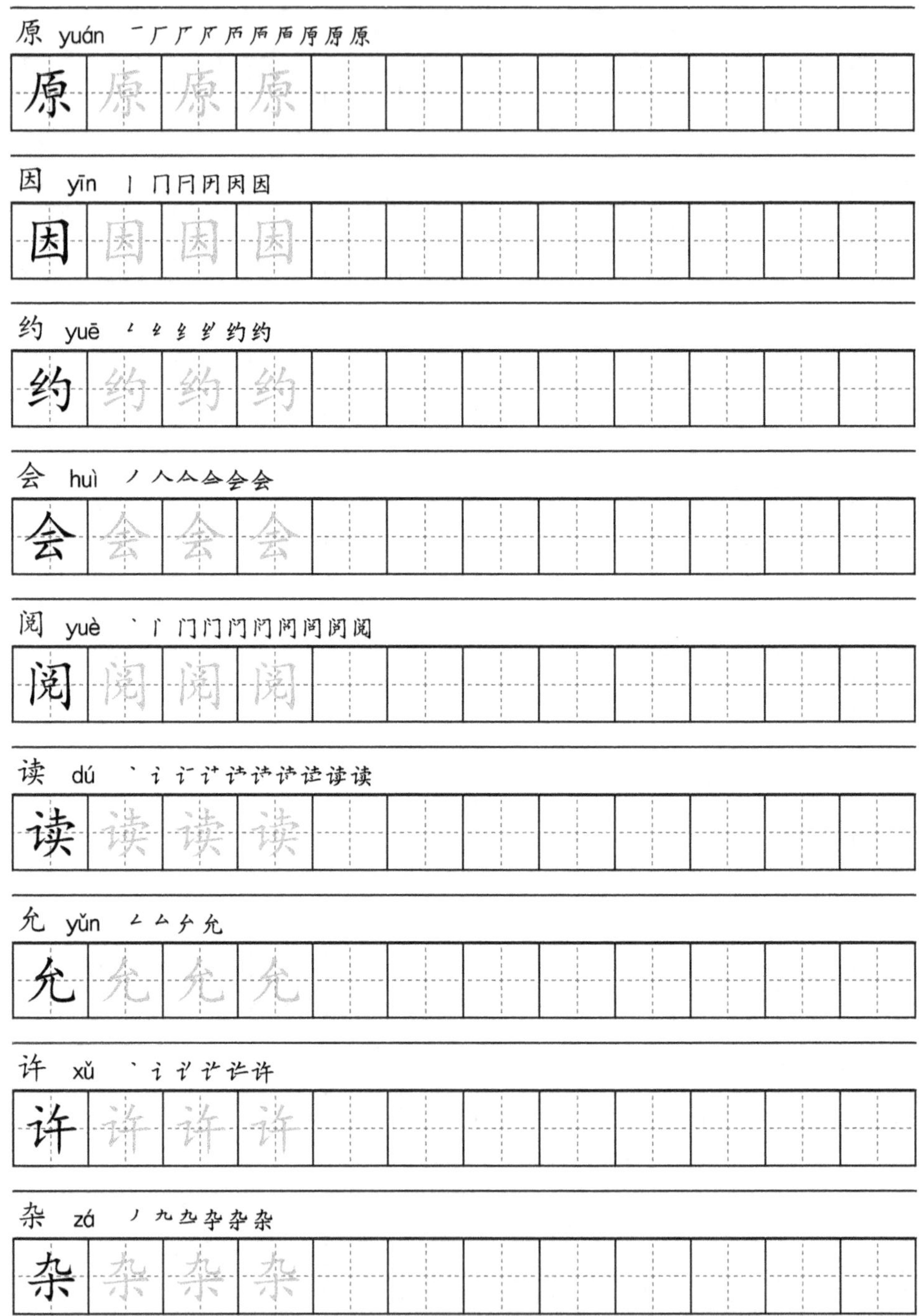

原 yuán 一 厂 厂 厂 厂 原 原 原 原 原

因 yīn 丨 冂 冂 冈 因 因

约 yuē ㄥ ㄠ 纟 纟 纟 约 约

会 huì 丿 人 人 会 会 会

阅 yuè 丶 丨 门 门 门 闩 阅 阅 阅 阅

读 dú 丶 讠 讠 讠 读 读 读 读 读 读

允 yǔn ㄥ ㄙ 允 允

许 xǔ 丶 讠 讠 许 许 许

杂 zá 丿 九 九 杂 杂 杂

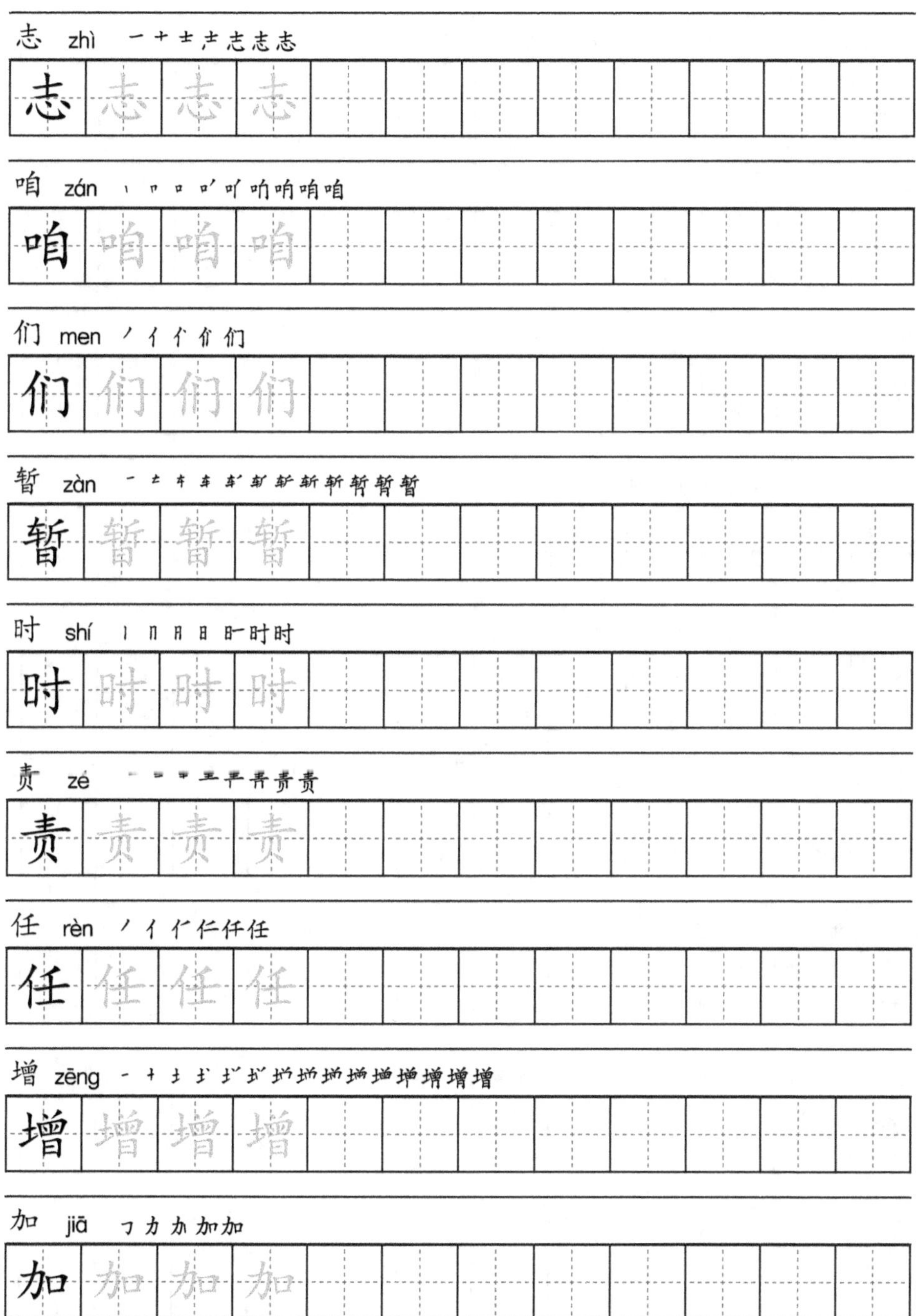

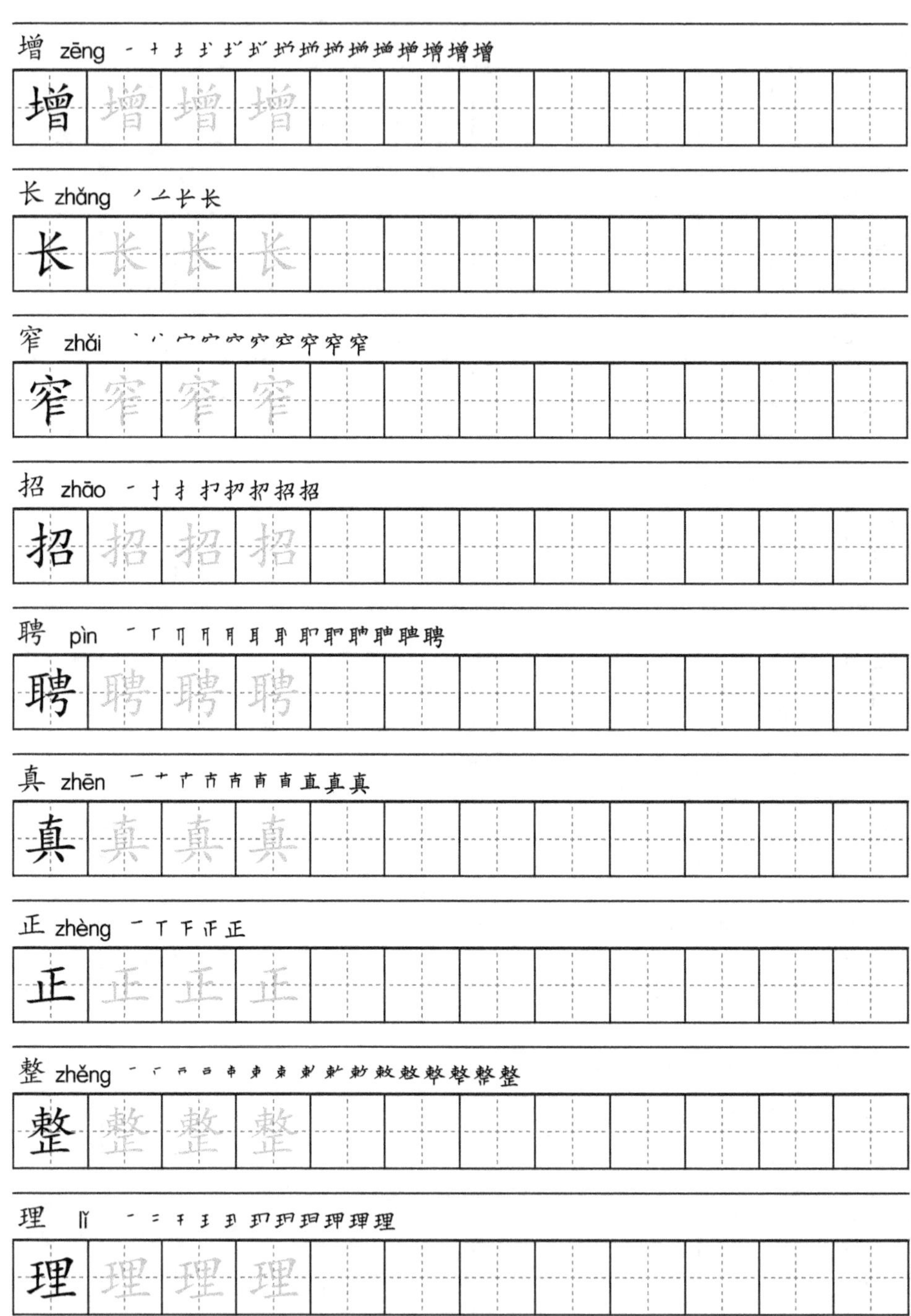

增 zēng 一 十 士 圹 圹 圹 坳 坳 增 增 增 增 增

长 zhǎng ノ 匕 长 长

窄 zhǎi 丶 ハ 宀 灾 灾 空 空 窄 窄 窄

招 zhāo 一 十 扌 扣 扣 招 招 招

聘 pìn 一 厂 刂 月 月 耳 耳 聍 聍 聘 聘 聘

真 zhēn 一 十 广 市 市 直 直 直 真 真

正 zhèng 一 丅 下 正 正

整 zhěng 一 ㇒ ㇒ 一 中 束 束 敕 敕 敕 敕 整 整 整 整

理 一 二 干 王 玑 玑 理 理 理 理 理

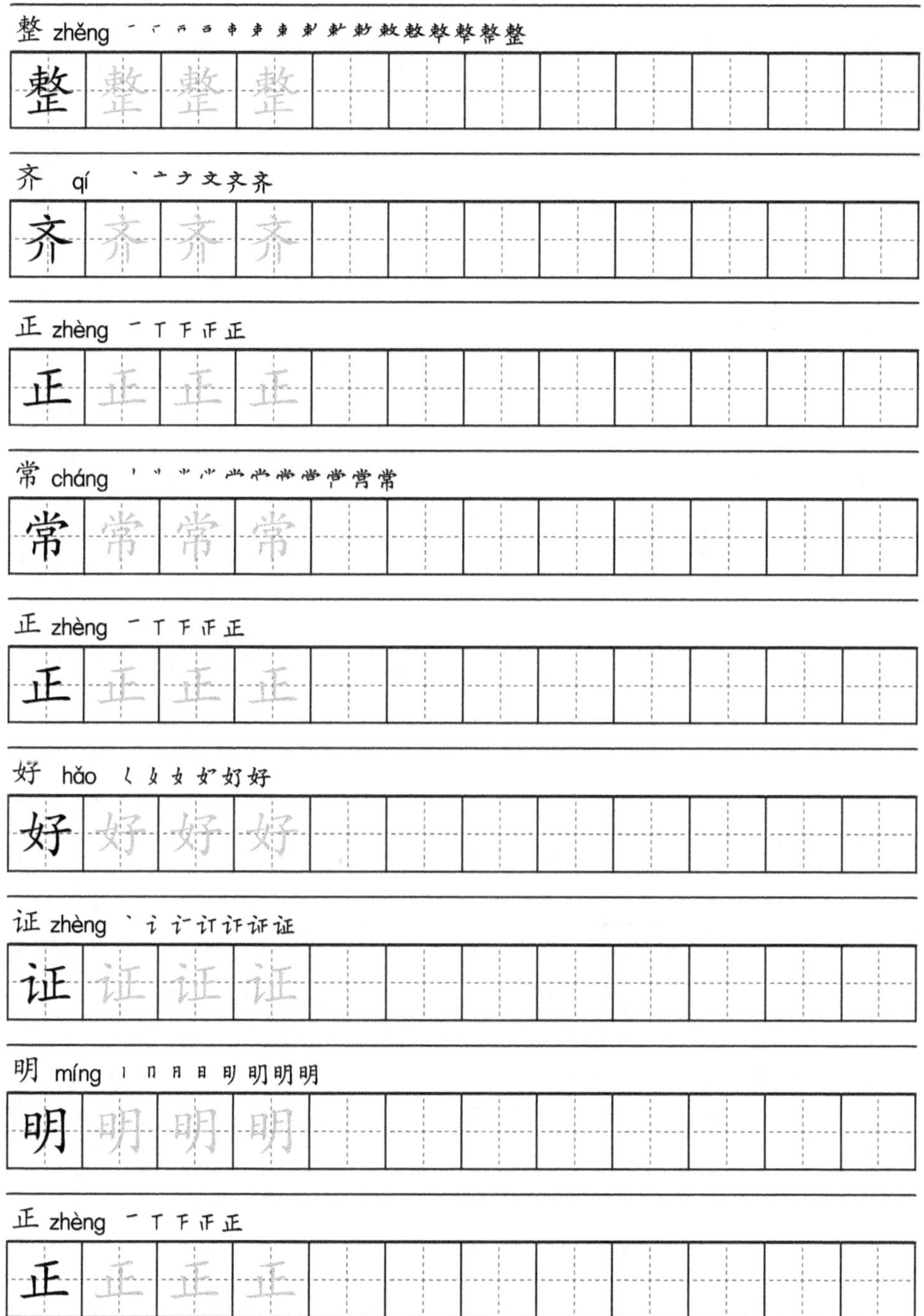

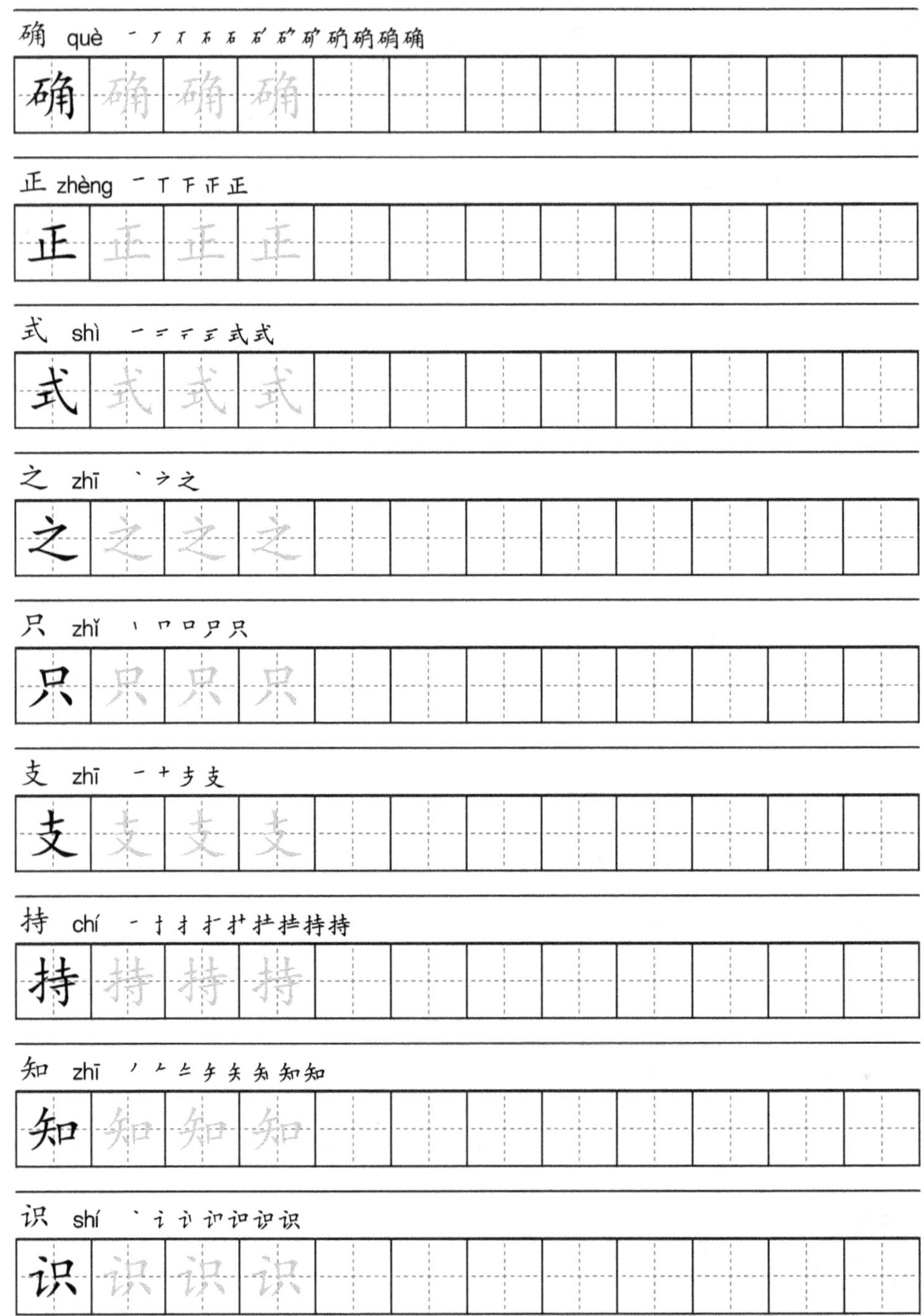

确 què 一丆丆石石矿矿矿硫硫确确
确 确 确 确

正 zhèng 一丅下正正
正 正 正 正

式 shì 一二亍式式式
式 式 式 式

之 zhī 丶丿之
之 之 之 之

只 zhǐ 丨口口尸只
只 只 只 只

支 zhī 一十支支
支 支 支 支

持 chí 一十才扌扩拦拦持持
持 持 持 持

知 zhī 丿二午矢知知知
知 知 知 知

识 shí 丶讠识识识识识
识 识 识 识

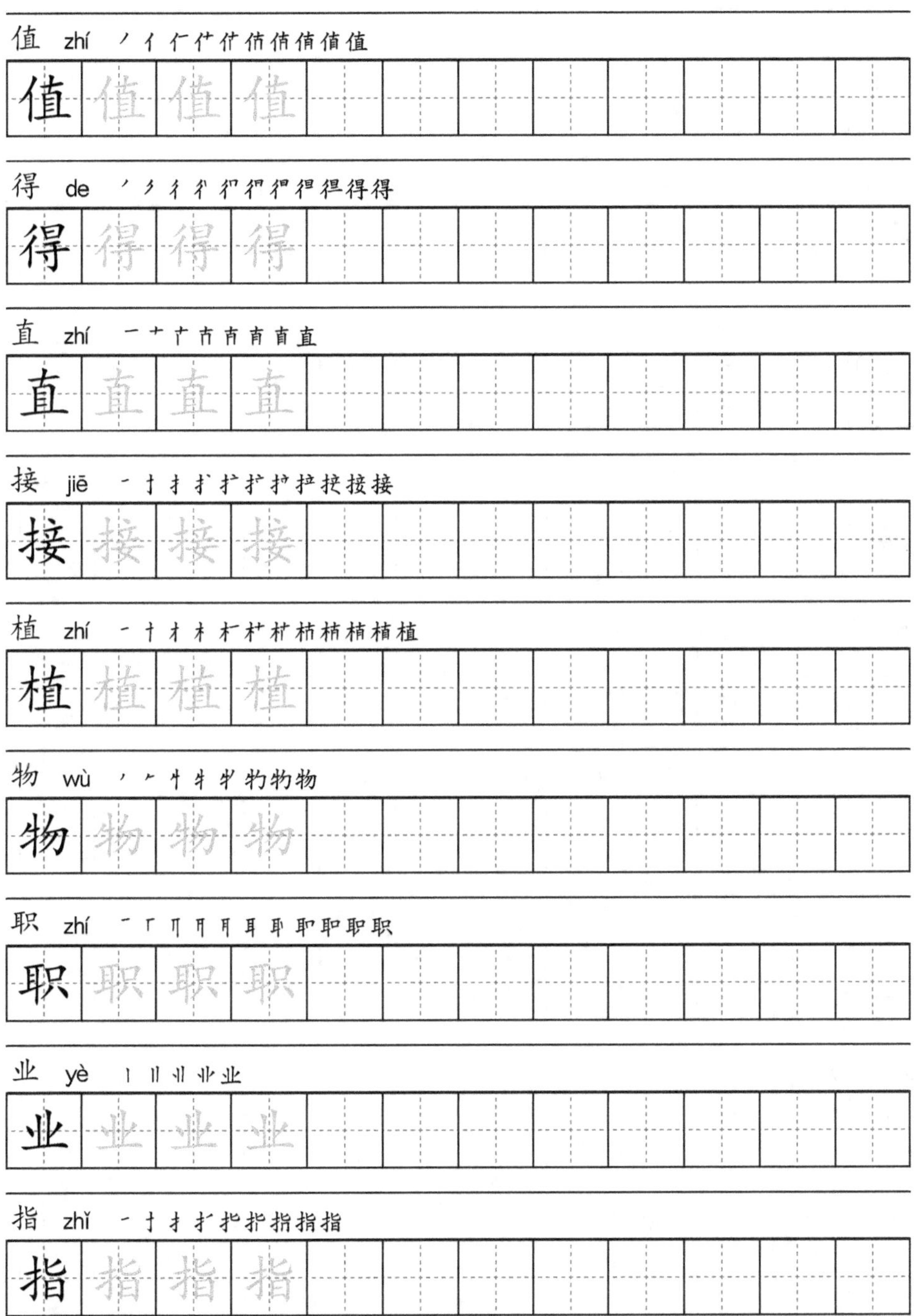

值 zhí ノ 亻 亻 仁 仁 仁 佔 佰 值 值

值	值	值	值								

得 de ノ 夕 彳 彳 彳 彳 彳 彳 得 得

得	得	得	得								

直 zhí 一 十 广 冇 冇 有 直 直

直	直	直	直								

接 jiē 一 扌 扌 扌 扌 扌 扌 扌 接 接 接

接	接	接	接								

植 zhí 一 十 才 木 木 木 木 木 朩 植 植 植

植	植	植	植								

物 wù ノ 𠂉 牛 牛 牜 物 物 物

物	物	物	物								

职 zhí 一 厂 ㄇ 月 月 耳 耳 耶 耶 职 职

职	职	职	职								

业 yè 丨 ‖ 刂 业 业

业	业	业	业								

指 zhǐ 一 扌 扌 扌 扌 扌 指 指 指

指	指	指	指								

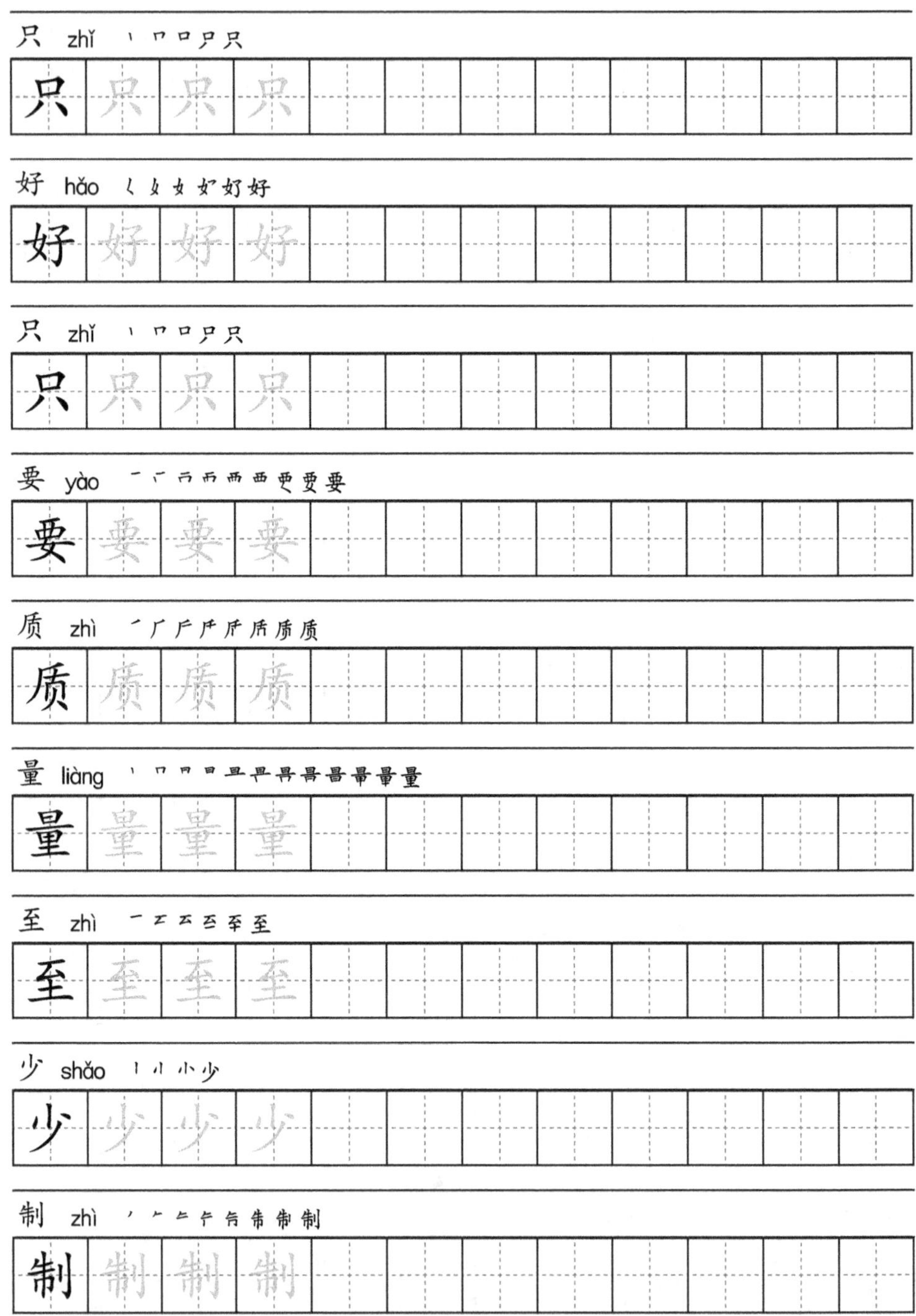

只 zhǐ ＼ 冂 口 尸 只

好 hǎo ㄑ 夕 女 女 好 好

只 zhǐ ＼ 冂 口 尸 只

要 yào 一 厂 冂 币 両 西 严 要 要

质 zhì ＼ 厂 厂 严 严 质 质 质

量 liàng ＼ 冂 冂 日 旦 甲 早 昌 昌 量 量 量

至 zhì 一 工 工 互 至 至

少 shǎo ＼ ⼩ 小 少

制 zhì ＼ 广 匚 牛 乍 冇 制 制

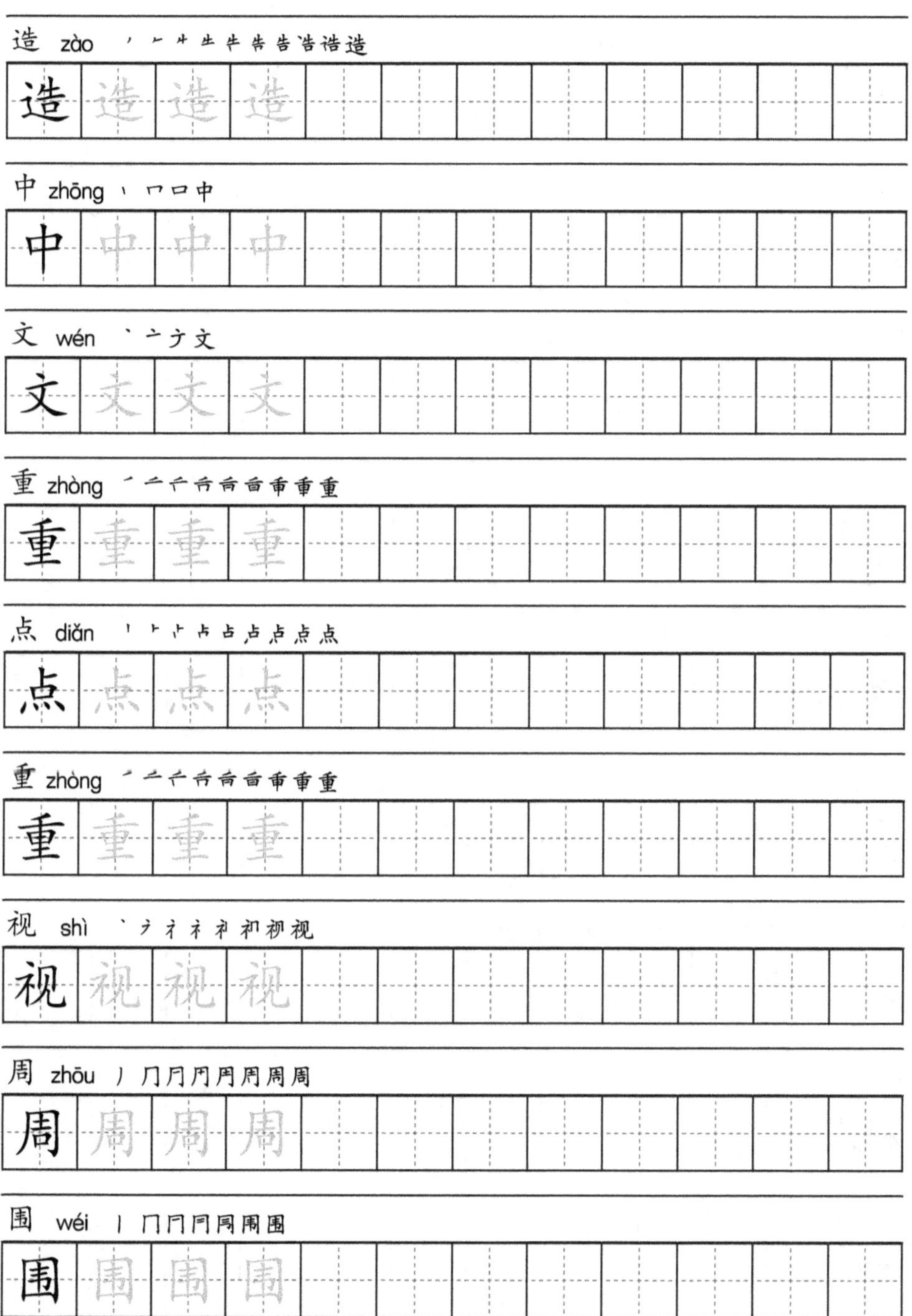

造 zào 丿 一 牛 牛 牛 告 告 浩 浩 造

中 zhōng 丶 口 口 中

文 wén 丶 一 ナ 文

重 zhòng 丿 一 千 千 弌 盲 盲 重 重

点 diǎn 丨 卜 卜 占 占 点 点 点

重 zhòng 丿 一 千 千 弌 盲 盲 重 重

视 shì 丶 ラ 礻 礻 礻 初 视 视

周 zhōu 丿 刀 刀 円 円 用 周 周

围 wéi 丨 冂 冂 冋 冋 用 围

猪 zhū ノ 丿 犭 犳 犲 狆 狣 猪 猪 猪

逐 zhú 一 厂 丂 丂 豕 豕 豖 逐 逐

渐 jiàn 丶 丶 氵 汀 泸 泸 泸 渐 渐 渐

主 zhǔ 丶 亠 二 宇 主

动 dòng 一 二 云 云 动 动

主 zhǔ 丶 亠 二 宇 主

意 yì 丶 亠 六 立 产 音 音 音 意 意 意

祝 zhù 丶 礻 礻 礻 祀 祀 祝 祝

贺 hè マ カ カ 加 加 智 贺 贺 贺

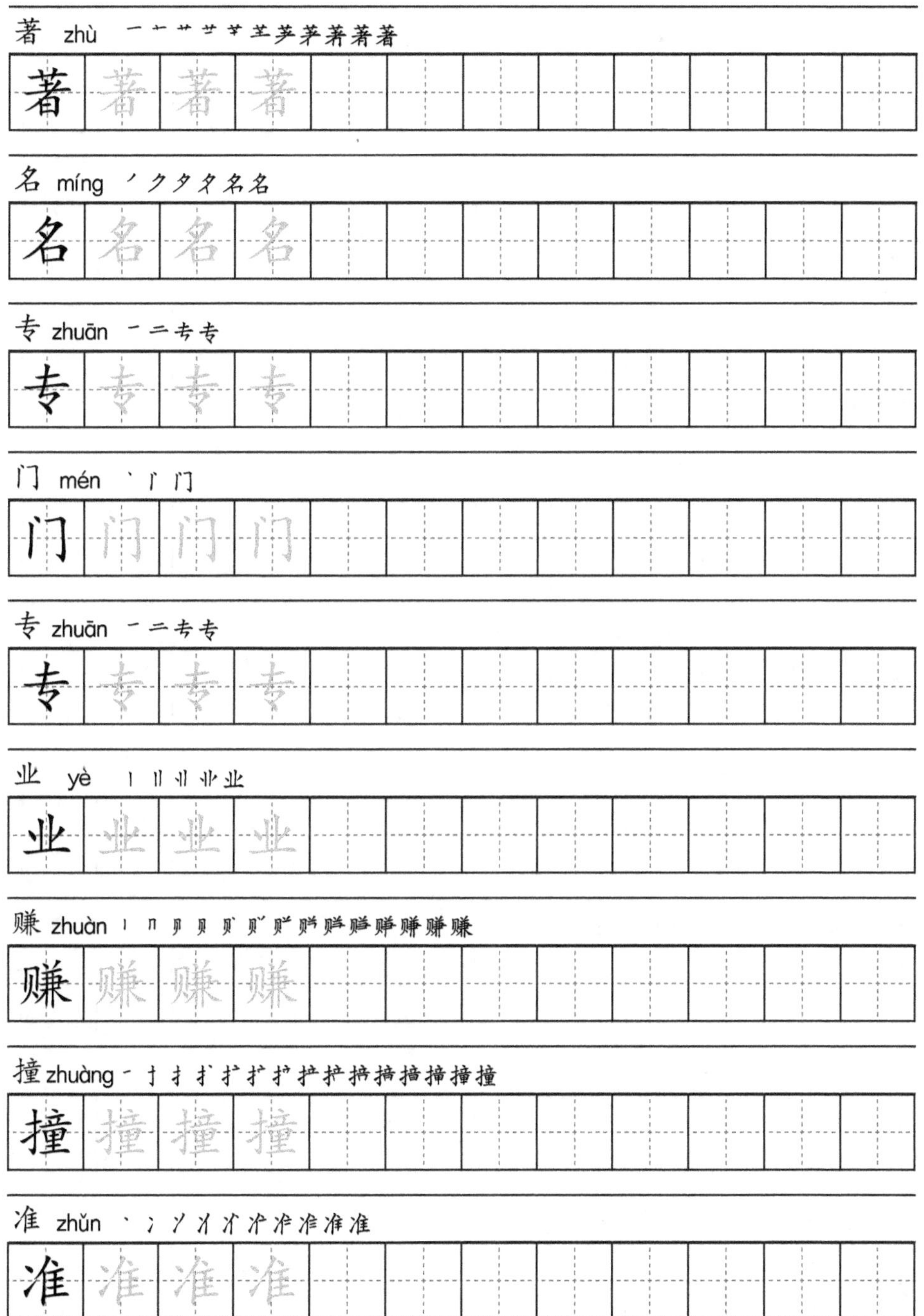

著 zhù 一 亠 艹 艹 井 苔 茅 茅 著 著 著

著 著 著 著

名 míng ノ ク タ タ 名 名

名 名 名 名

专 zhuān 一 二 专 专

专 专 专 专

门 mén 丶 门 门

门 门 门 门

专 zhuān 一 二 专 专

专 专 专 专

业 yè 丨 刂 刂 业 业

业 业 业 业

赚 zhuàn 丨 冂 冂 贝 贝 贝 贮 睁 赚 赚 赚 赚 赚

赚 赚 赚 赚

撞 zhuàng 一 扌 扌 扩 扩 护 护 护 撞 撞 撞 撞 撞

撞 撞 撞 撞

准 zhǔn 丶 冫 冫 汇 汇 泔 泔 准 准 准

准 准 准 准

确 què 一 丆 石 石 石 矿 矿 矿 确 确 确

准 zhǔn 、 冫 冫 疒 疒 汼 准 准 准

时 shí 丨 冂 冂 日 旷 时 时

仔 zǐ 丿 亻 仃 仔 仔

细 xì 乚 纟 纟 幼 幻 细 细 细

自 zì 丿 亻 冂 月 自 自

然 rán 丿 夕 夕 夕 妕 然 然 然 然 然 然

总 zǒng 、 丷 兴 兴 兴 总 总 总

结 jié 乚 纟 纟 纟 纤 结 结 结 结

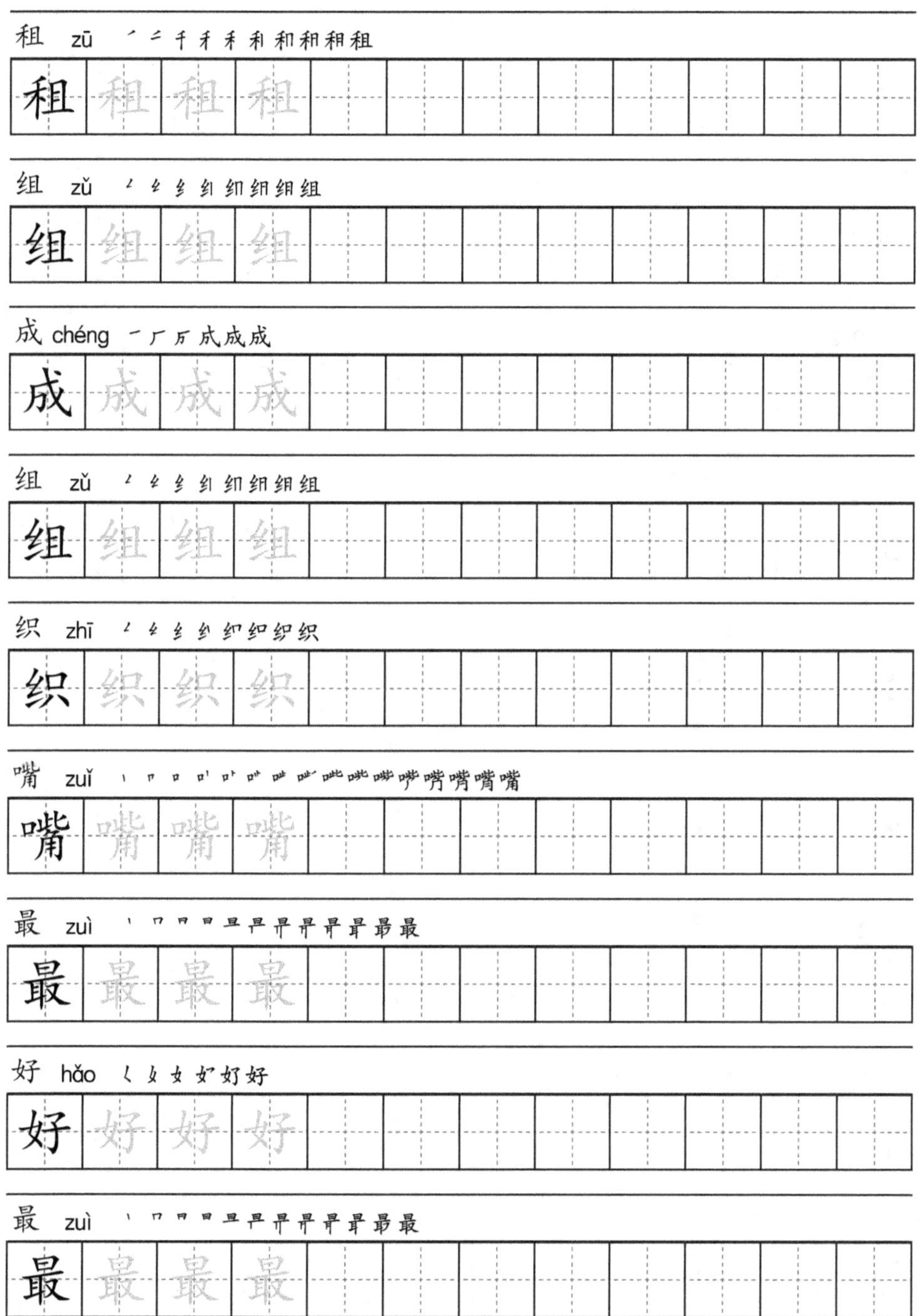

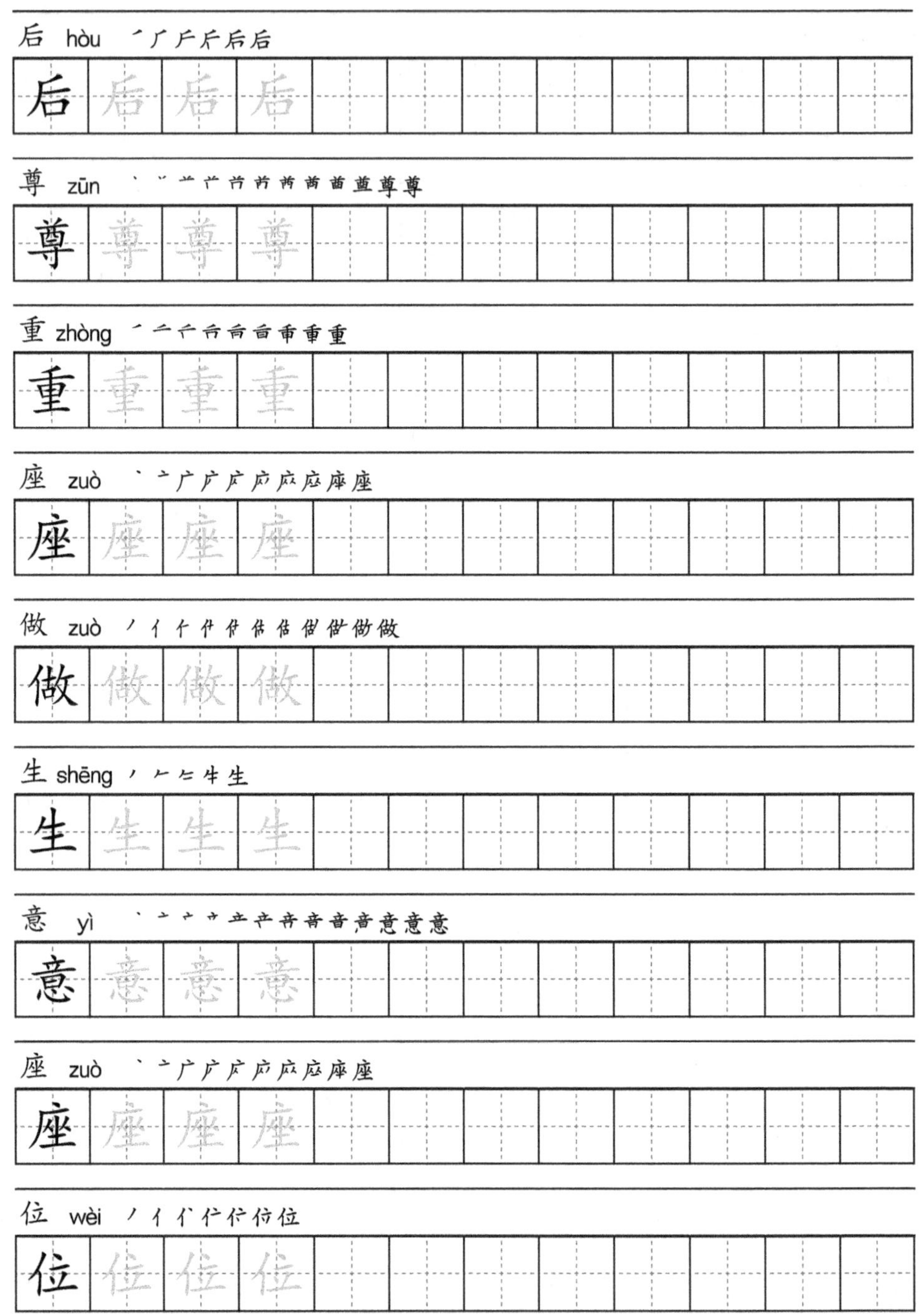

后 hòu ノ 厂 厂 斤 后 后
尊 zūn 丶 丷 兴 丷 首 首 首 曲 曽 尊 尊
重 zhòng ノ 一 亡 亡 乍 盲 盲 重 重
座 zuò 丶 亠 广 广 广 庐 应 应 座 座
做 zuò ノ 亻 亻 化 什 估 估 估 做 做 做
生 shēng ノ 一 牛 生 生
意 yì 丶 亠 六 寸 立 产 产 音 音 音 意 意 意
座 zuò 丶 亠 广 广 广 庐 应 应 座 座
位 wèi ノ 亻 亻 亿 仁 位 位 位

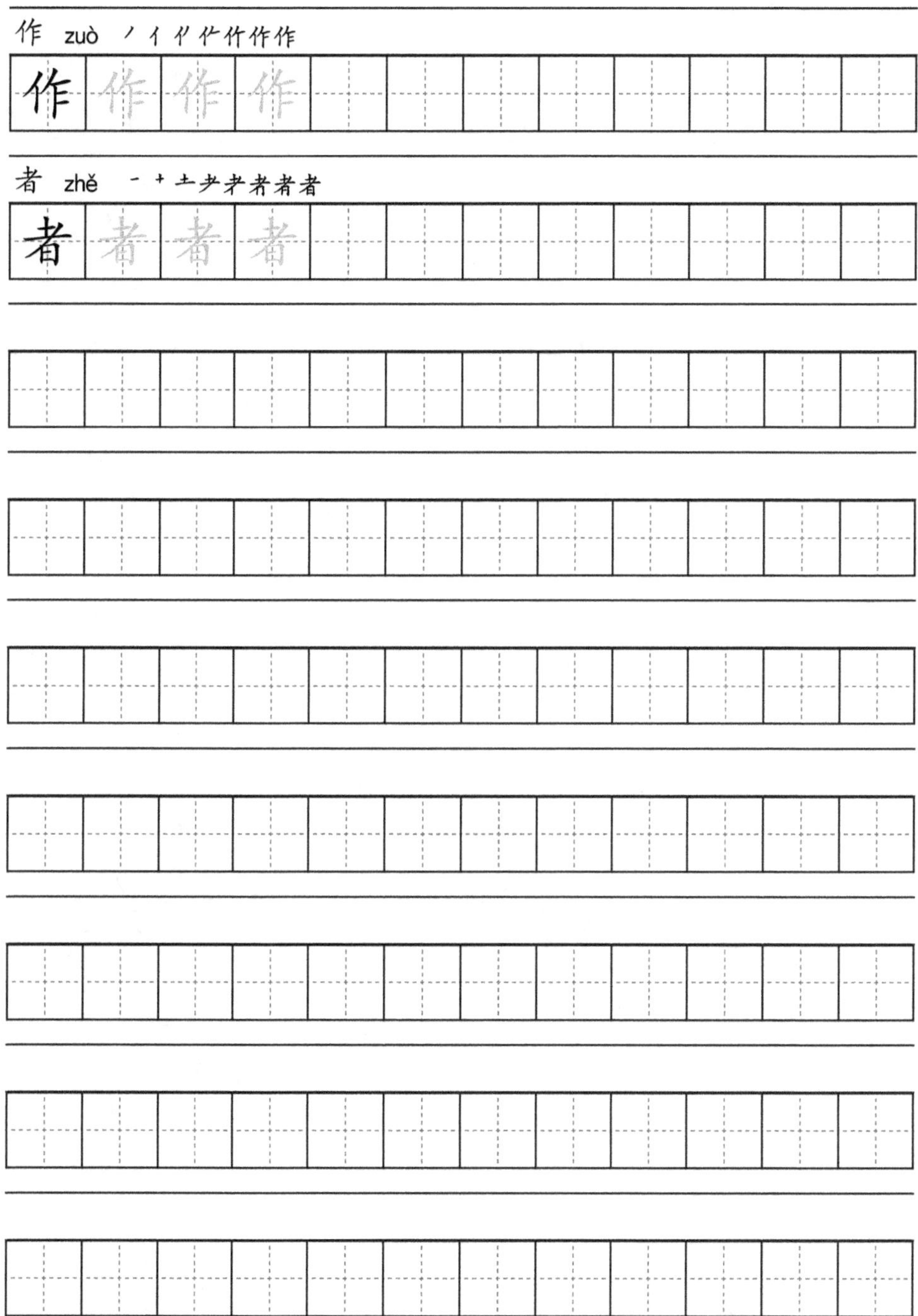